Workbook

Integración: ejercicios escritos
Integración: manual de laboratorio

To Accompany

Dicho y hecho

Beginning Spanish

Fourth Edition

Laila M. Dawson
University of Richmond

Albert C. Dawson
University of Richmond

D1534453

WILEY

John Wiley & Sons, Inc.

New York   Chichester   Brisbane   Toronto   Singapore

ACQUISITIONS EDITOR	/	Andrea Bryant, Mary Jane Peluso
MARKETING MANAGER	/	Carolyn Henderson
PRODUCTION EDITOR	/	Marjorie Shustak
DESIGNER	/	Kevin Murphy
MANUFACTURING MANAGER	/	Inez Pettis
ILLUSTRATIONS	/	Laura Meadows
REALIA ARTWORK	/	Sheila Dawson

This book was set in *Optima* by **Ewing Systems** and printed and bound by **Courier-Stoughton**. The cover was printed by **Courier-Stoughton**.

ISBN 0-471-57386-8

Printed in the United States of America

10 9 8 7 6 5 4 3 2

Preface

The **Integración: ejercicios escritos** section of this workbook provides written exercises that reinforce the vocabulary and structures presented in **DICHO Y HECHO**. A variety of exercises is offered to assist you in developing multiple facets of your writing skills. Each chapter contains vocabulary and structure-specific exercises that follow the format of the main text for easy reference and review. Concluding exercises in every chapter both review the chapter and offer opportunity for individual expression through questions relating to your life and through interpretation of a situation portrayed in pictorial form. An Answer Key is located at the end of the workbook for correction and for self-paced evaluation of your own work.

Integración: manual de laboratorio provides the format for the tape program which offers you practice and reinforcement of the vocabulary and grammar of each chapter (including exercises based on the text illustrations). In addition, and of special importance, are the aural comprehension exercises based on the **Conversaciones**, **Noticias culturales**, and **Panorama cultural** sections of each chapter. To profit most from the tape program, complete oral and written tape exercises after studying the appropriate section of each chapter.

Your classroom text, with its variety of exercises and activities, and the two components of this workbook, designed to increase accurate writing proficiency and oral/aural proficiency respectively, provide you with a total program of Spanish language study.

Laila M. Dawson
Albert C. Dawson

Contents

Integración:
ejercicios escritos

Ejercicios escritos: Capítulo Uno

A CONOCERNOS: Las presentaciones (libro de texto: **Capítulo Uno**)

1.1 What would you say in the following situations?

1. You want to learn your teacher's name.

   ¿Cómo se llama Ud.?

2. You want to learn your classmate's name.

   ¿Cómo te llamas?

3. You want to tell your name to a classmate.

   Me llamo Dominico.

4. You want to introduce your friend Mona to the teacher.

   Permítame presentarle a Mona.

5. You want to introduce your friend Mona to your classmate.

   Jose quiero presentarte a Mona

6. You have just been introduced to a classmate.

   Mucho Gusto

7. Profesor Guzmán from Granada, Spain, has just stated that she is pleased to meet you. How do you respond?

   Igualmente

IDENTIFICATION AND TELLING WHERE YOU ARE FROM: Los pronombres personales y *ser* + *de* (libro de texto: **Capítulo Uno, IA, B**)

1.2 Tell your classmate where various people in your class are from. Complete the statements using the appropriate subject pronoun for emphasis.

1. _Yo_ soy de Los Ángeles.
2. (your friend María) _Ella_ es de San Antonio.
3. (your friend David) _El_ es de Santa Bárbara.
4. (your friends Carmen and Linda) _Ellas_ son de El Paso.
5. (your friends Daniel and Ricardo) _Ellos_ son de Santa Fe.
6. (both you and your friend Mona) _Nosotros_ somos de Los Ángeles.

1.3 (a) You want to inquire where the following people are from and (b) your classmate provides the answers.

Ejemplo: Alfonso/Colorado
  (a) **¿De dónde es Alfonso?**
  (b) **Es de Colorado.**

1. La profesora Guzmán/España

   (a) ¿De dónde es señor Guzmán.

   (b) Es de España.

2. Alfonso/Nuevo México

   (a) ¿De dónde es Alfonso

   (b) Es de Nuevo Mexico.

3. Rosa y Camila/Texas

   (a) ¿De dónde es Rosa y Camila?

   (b) Es de Texas

4. tú/Arizona

   (a) ¿De donde es Usted.?

   (b) (yo) Soy de Arizona?.

A CONOCERNOS: Los saludos, el bienestar, la despedida y las expresiones de cortesía (libro de texto: Capítulo Uno)

1.4 What would you say in the following situations?

1. You see Mrs. Gutiérrez at 10:00 A.M.

   Buenos dias Señor Gutiérrez.

2. You see Mr. Gutiérrez at 2:00 P.M.

   Buenas tardes señor Gutiérrez.

3. You want to ask Mr. Gutiérrez about his well-being.

   Como esta Ud..

4. You see your friend Lisa at the party and greet her.

   Buenos Noches

5. You want to ask Lisa about her well-being.

   Como esta

6. You receive a wonderful gift from Lisa.

   Mucha Gracias.

7. You are very thirsty and a friend asks if you would like a soft drink.

   Si, Gracias.

8. You are not at all hungry and a friend offers you a piece of double-cheese pizza with anchovies.

   No Gracias

9. You want to get Lisa's attention.

   Perdon

10. You are dancing with a friend and accidentally step on his/her toe.

    ~~con permiso~~ perdón

11. You say goodbye to Lisa as you are about to leave.

    Hasta mañana

12. You want to pass by some people who are blocking the doorway.

    con permiso

VOCABULARIO: **En la clase de español; Instrucciones para la clase de español** (libro de texto: **Capítulo Uno**)

1.5 Imagine that you are the instructor giving directions to individual students. Give the word that most appropriately completes the statement.

1. Cierre la puerta y la _ventana_.
2. Abra el cuaderno y el _libro_.
3. Escriba en el papel con el lápiz o (or) con el _bolígrafo_.
4. Conteste la _____.
5. Escriba la _lección_ "traduzca" en el cuaderno.
6. "¿Cómo se llama usted?" Escriba la _repuesta_ a la pregunta en el cuaderno.
7. Pase a la _~~pizarra~~ Pizarra_.
8. Escriba en la pizarra con la _tiza_.
9. Siéntese en la _silla_.
10. Para (For) mañana, estudie la _lección_.

IDENTIFYING GENDER AND NUMBER: **Artículos y sustantivos** (libro de texto: **Capítulo Uno, II**)

1.6 Identify each item using the appropriate definite or indefinite article as needed.

1. La profesora necesita (needs) una mesa, _~~dos~~ una la_

   sillas, _~~tres~~_ pupitres, _una_ pizarra y

   _un_ escritorio.

2. Los estudiantes deben leer (*should read*) el libro, __las__ instrucciones, __la__ conversación, __la__ preguntas, __el__ capítulo, __la__ oración y __los__ ejercicios.

1.7 To indicate that the professor has more than one of each item, change the singular articles and nouns to the plural form.

El profesor tiene (*has*)...

1. el examen __los examenes__
2. el papel __los papeles__
3. la nota __las notas__
4. la respuesta __la respuestas__
5. el cuaderno __los cuadernos__
6. la oración __las oraciónes__

GOING PLACES: *Ir + a + destino* (libro de texto: **Capítulo Uno, III**)

1.8 Translate the sentences to indicate where you and your student friends are going this afternoon.

1. I am going to Spanish class.

   __Voy ala clase de español.__

2. Carlos is going to the student center.

   __Carlos ~~toy~~ va a la central estudiante.__

3. Lisa and Tere are going to the bookstore.

   __Lisa y Tere van a la librería__

4. Víctor, are you going to the professor's (*m.*) office?

   _____

5. We are not going home.

   __No vamos a casa.__

INDICATING THE DAYS OF THE WEEK: **Los días de la semana** (libro de texto: **Capítulo Uno, IV**)

1.9 Leti is very organized and has her schedule planned for the week. Answer the questions to indicate on what day or days she has each activity scheduled.

Mi Horario

lunes	español química	viernes	español química
martes	música biblioteca	sábado	gimnasio fiesta
miércoles	español química	domingo	parque con Óscar
jueves	lab. de química		

1. ¿Qué días va Leti a la clase de español?

Leti ~~Va~~ ^los Va ~~los~~ lunes, los miércoles, y los viernes.
(Va a la clase de español los)

2. ¿Qué día va al laboratorio de química?

Va los queves.

3. ¿Qué día va a la clase de música y a la biblioteca?

Va los martes.

4. ¿Qué día va al parque con Óscar?

Va los Domingos.

5. ¿Qué día va al gimnasio y a la fiesta?

Va los sábados.

COUNTING FROM 0–30: **Los números de 0 a 30** (libro de texto: **Capítulo Uno, V**)

1.10 You are attending a university in Puerto Rico and have just purchased your school supplies at the university bookstore. Indicate how much each line item costs by writing out the numbers.

Dollar = **dólar**; cents = **centavos**; $1.15 = **un dólar quince centavos**

1. lápices: un dólar vente y cinco centavos
2. bolígrafos: tres dólares treinta centavos
3. cuadernos: Quince dólares
4. papel: nueve dólares veinte centavos
5. manual de lab: diez y ocho dólares
6. libro: veinte y siete dólares
7. diccionario: diez y seis dólares

Librería Universitaria

5 lápices	$1.25
3 bolígrafos	$3.30
5 cuadernos	$15.00
papel	$9.20
manual de lab	$18.00
libro	$27.00
diccionario	$16.00

TELLING TIME: ¿Qué hora es? (libro de texto: **Capítulo Uno, VI**)

1.11 Write the time of day according to each clock.

A.M.   A.M.   P.M.   P.M.

¿Qué hora es?

~~SON las~~

1. <u>Tres y ~~medía~~ de la mañana</u>
2. <u>Son las ocho y diez de la mañana</u>
3. <u>Es la una menos cuarto de la tarde</u>
4. <u>Son las doce menos diez de la noche</u>

1.12 At a university in Puerto Rico, you observe certain events of interest on a student activities board. Indicate at what time each event takes place.

1. ¿A qué hora es el drama?

   <u>La drama es a la ocha y media.</u>
2. ¿A qué hora es el concierto?

   <u>El concierto es a la nueve.</u>
3. ¿A qué hora es la presentación del baile flamenco?

   <u>El baile flamenco es a las siete.</u>

REPASO GENERAL—GENERAL REVIEW (libro de texto: **Capítulo Uno**)

1.13 Answer the questions in complete sentences.

1. ¿Cómo se llama usted?

   <u>Me llamo Dominico.</u>

2. ¿De dónde es usted?

Estoy de Santa Fe, Nuevo Mexico.

3. ¿Cómo está usted?

Estoy Muy bien gracias.

4. ¿Qué días va usted a la clase de español?

Voy a la clase de español a los Queves y viernes

5. ¿A qué hora es la clase de español?

Mi clase de español es a la diez

6. ¿Qué hora es?

Son las Nueve

[Check your answers with those given in the Answer Key at the end of the workbook and make all necessary corrections with a pen/pencil of a different color.]

Ejercicios escritos: Capítulo Dos

VOCABULARIO: **La familia** (libro de texto: **Capítulo Dos**)

2.1 Identifique a las personas. Complete las oraciones con la palabra apropiada del vocabulario.

1. El padre de mi (*of my*) madre es mi _Abuelo_ .
2. La madre de mi madre es mi _Abuela_ .
3. El hermano de mi padre es mi _Tío_ .
4. La hermana de mi padre es mi _Tía_ .
5. El hijo de mis padres es mi _hermano_ .
6. La hija de mis padres es mi _hermana_ .
7. El hijo de mi tío es mi _primo_ .
8. La hija de mi tía es mi _prima_ .
9. Padre, madre e hijos son una _familia_ .
10. La madre y el padre son los _Padres_ .
11. El hombre es el novio; la mujer es la _novia_ .
12. La mujer es la esposa; el hombre es el _esposo_ .

2.2 Identifique las profesiones.

Ejemplo: El hombre trabaja (*works*) en un restaurante.
Es camarero.

1. La mujer trabaja en un restaurante.

   Es mesera

2. La mujer trabaja en el hospital.
   Es dóctora
   ~~_Es enfermero_~~ o (*or*) _Enfermera_

3. El hombre trabaja para (*for*) IBM.

   Es ingenero

4. El hombre trabaja para una compañía que construye (*constructs*) edificios (*buildings*).

   Es ingenero

5. La mujer trabaja en Bloomingdales.

   Es dependienta

6. La mujer trabaja en casa.

   Es ama de casa.

7. La mujer defiende a los inocentes.

   Es abogada

MAKING NEGATIVE STATEMENTS: **Declaraciones negativas**
(libro de texto: **Capítulo Dos, I**)

2.3 Defienda a su (*your*) compañero(a) de cuarto.

Ejemplo: ¿Es egoísta?
¡No, no es egoísta!

1. ¿Es indecente? _¡NO, no es ~~mi~~ indecente!_
2. ¿Es inmoral? _¡NO, no es inmoral!_
3. ¿Es ignorante? _¡No, no es ignorante!_
4. ¿Es arrogante? _¡NO, no es arrogante!_
5. ¿Es irresponsable? _¡No, no es irresponsable!_
6. ¿Es cruel? _¡No, no es cruel!_

DESCRIBING PEOPLE AND THINGS: **Los adjetivos descriptivos**
(libro de texto: **Capítulo Dos, II**)

2.4 Indique cómo son las personas o las cosas (*things*). Use la palabra de significado contrario (*opposite*). No repita el pronombre personal.

1. Él no es gordo. _Es flaco_
2. Ellos no son feos. _Son guapos_
3. Yo no soy pobre. _soy rico_
4. La profesora no es tonta. _es inteligente_
5. Mi hermana no es perezosa. _es diligente_
6. Mi madre no es baja. _es alto_
7. Mis amigos no son débiles. _son~~es~~ fuerte_
8. Mi médico no es antipático. _es simpático_
9. El profesor no es joven. _es un viejo_
10. Mis clases no son grandes. _son ~~es~~ chicito_
11. Mis clases no son difíciles. _son ~~es~~ fáciles_
12. Mis profesores no son malos. _son buenos_

2.5 Traduzca al español.

1. Ana is a serious student.

Ana es una estudiante seria.

2. Teresa and Ana are intelligent and young.

Teresa y Ana son inteligente y jovenes

3. Pepe and I are not lazy!

Pepe y yo NO ~~es~~ (e)somos perezosos.

INDICATING NATIONALITY: **Adjetivos de nacionalidad** (libro de texto: **Capítulo Dos, III**)

2.6 Indique la nacionalidad.

Ejemplo: Sonia es de Rusia.
Es rusa.

1. André es de Francia. _____
2. Faori y Eiji son del Japón. _____
3. María Cristina es de España. _____
4. Heather y Victoria son de Inglaterra. _____

INDICATING LOCATION: *Estar + en + localización* (libro de texto: **Capítulo Dos, IV**)

2.7 Indique la localización de las personas. Complete con la forma correcta del verbo **estar**.

1. Mis abuelos _____ en el campo.
2. Yo _____ en la ciudad.
3. Mi hermano menor _____ en la escuela primaria.
4. Mis hermanos mayores _____ en la universidad.
5. Mi hermano(a) y yo _____ en casa.
6. ¿Tú _____ en el trabajo?

DESCRIBING CONDITIONS: *Estar + condición* (libro de texto: **Capítulo Dos, V**)

2.8 Indique la probable condición de las personas, según (*according to*) las circunstancias.

1. Anita recibe un cheque de $500.

   Ella _____
2. Hay un examen muy importante y muy difícil en la clase de cálculo.

   Los estudiantes_____ y _____
3. Hay muchos, muchos errores en los exámenes de los estudiantes.

   ¡La profesora _____!
4. La voz del profesor de historia es muy, muy monótona.

   Los estudiantes_____
5. Simón va al hospital en una ambulancia.

   Él _____

6. Simón no está bien.

Él _____

7. Los amigos de Simón no están contentos.

Ellos _____

DESCRIBING PEOPLE, PLACES, AND THINGS: *Ser y estar* (libro de texto: **Capítulo Dos, VI**)

2.9 Complete con la forma correcta de **ser** o **estar** para (*in order to*) describir a las personas indicadas.

1. Eva y Martín _____ en la universidad.
2. Ellos _____ de México.
3. El padre de Eva _____ ingeniero.
4. La madre de Eva _____ en Nueva York.
5. Ella _____ muy amable.
6. Ella _____ católica.
7. El compañero de cuarto de Martín _____ alto y moreno.
8. Él _____ cansado porque (*because*) estudia mucho.
9. Él no _____ perezoso.
10. Él _____ preocupado porque su hermana menor _____ enferma.

2.10 Traduzca al español.

1. My (**Mi**) history class is boring.

   _____

2. The students are tired and bored.

   _____

3. Professor Rojas is from Venezuela.

   _____

4. He is a good teacher.

   _____

5. He is at home.

   _____

6. He is not well.

   _____

COUNTING FROM 30-100: **Los números de 30 a 100** (libro de texto: **Capítulo Dos, VII**)

2.11 Su amiga Leti es estudiante de español. En su cuaderno ella escribe una lista de sus notas. Indique en forma escrita cada (*each*) nota.

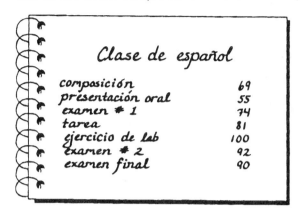

Clase de español

composición	69
presentación oral	55
examen # 1	74
tarea	81
ejercicio de lab	100
examen # 2	92
examen final	90

1. composición: _____

2. presentación oral: _____

3. examen #1:_____

4. tarea: _____

5. ejercicio de lab: _____

6. examen #2:_____

7. examen final: _____

EXPRESSING POSSESSION AND TELLING AGE WITH **TENER**: *tener* y *tener...años* (libro de texto: **Capítulo Dos, VIII**)

2.12 Indique quién (*who*) tiene los artículos. Use la forma correcta de **tener**.

1. Yo _____ veinte cassettes.

2. Mi compañero(a) de cuarto _____ trece discos compactos.

3. Nosotros _____ un estéreo nuevo.

4. Mis amigos Juan y Martín _____ un sofá muy grande.

5. ¿_____ tú una calculadora?

6. ¿Ustedes no _____ diccionario?

2.13 Indique cuántos años tienen las personas.

1.

Mi hermana mayor...

2.

Mi tío...

_____

3.

Mi madre...

_____

4.

Mi primo...

_____

REPASO GENERAL (libro de texto: **Capítulo Dos**)

2.14 Conteste las preguntas en oraciones completas.

1. ¿Cómo es su (*your*) madre?

_____

2. ¿Cómo es su casa?

_____

3. ¿Está su casa en el campo o en la ciudad?

_____

4. ¿Cómo son los estudiantes de la clase de español?

_____

5. En este (*this*) momento, ¿está usted cansado(a)? ¿aburrido(a)? ¿triste?

_____

6. ¿Cuántos años tiene usted?

_____

7. ¿Cuántos años tiene su padre? ¿y su abuelo?

_____

2.15 Una descripción

Describa a Alfonso indicando quién es, sus características, su condición y dónde
está probablemente.

_____

_____

_____

_____

_____

_____

Alfonso

Ejercicios escritos: Capítulo Tres

VOCABULARIO: **En el mercado** (libro de texto: **Capítulo Tres**)

3.1   Complete con la comida (*food*) apropiada.

1. Un sandwich muy popular es de jamón y _____.
2. Tres carnes muy populares en el desayuno (*breakfast*) americano son el _____, el _____ y la _____.
3. "KFC" y "Bojangles" son muy populares por su _____ frito (*fried*).
4. Dos mariscos muy caros son la _____ y los _____.
5. En el Japón no comen mucho bistec. Comen mucho _____.
6. Tres ingredientes muy comunes en una ensalada son la _____ y el _____ y la _____.
7. Idaho es un estado (*state*) que produce muchas _____.
8. Iowa es un estado que produce mucho _____.
9. Los chinos y los vietnamitas comen (*eat*) mucho _____.
10. Los mexicanos comen muchos _____.
11. Un ingrediente muy importante de la limonada es el _____.
12. Un pastel (*pie*) muy típico en los Estados Unidos es el pastel de _____.
13. Una fruta muy popular en la Florida es la _____.
14. Una fruta muy típica de Hawai es la _____.
15. Las viñas (*vineyards*) de Napa Valley, California producen muchas _____.
16. Una fruta muy popular en el estado de Georgia es el _____.
17. "Chiquita" es una marca (*brand*) famosa de _____.
18. Una fruta muy grande que se come (*is eaten*) mucho en el sur (*south*) de los Estados Unidos es la _____.
19. Dos frutas que son muy pequeñas y rojas (*red*) son la _____ y la _____.

TALKING ABOUT ACTIONS IN THE PRESENT: **El presente de los verbos regulares -*ar*, -*er*, -*ir*** (libro de texto: **Capítulo Tres, I**)

3.2   Indique las actividades en que usted y sus amigos participan. Escriba la forma correcta del verbo.

Ejemplo: JORGE   YO   MI COMPAÑERO(A) Y YO
preparar la tarea todos los días.
prepara   preparo   preparamos

JORGE	**YO**	**MI COMPAÑERO(A) Y YO**

1. **tomar** muchas clases interesantes

_____ _____ _____

2. **aprender** mucho en las clases

_____ _____ _____

3. **escribir** muchas composiciones para la clase de inglés

_____ _____ _____

4. **trabajar** por la tarde

_____ _____ _____

5. **estudiar** por la noche

_____ _____ _____

6. **asistir** a los partidos de fútbol los sábados

_____ _____ _____

7. **comer** en la cafetería

_____ _____ _____

8. **vivir** en la residencia de estudiantes

_____ _____ _____

3.3 Indique las actividades de usted y de su compañero(a) de cuarto. Conteste en oraciones completas.

1. ¿Llega usted a la clase de español a tiempo todos los días?

_____

2. ¿Necesita usted estudiar mucho?

_____

3. ¿Desea usted estudiar todas las noches?

_____

4. ¿Va usted al mercado con frecuencia?

_____

5. ¿Compra usted muchos refrescos (*soft drinks*) allí?

_____

6. ¿Bebe usted un refresco casi (*almost*) todos los días?

_____

7. Usted y su compañero(a) de cuarto, ¿viven en una residencia de estudiantes o en un apartamento?

_____

8. ¿Comen ustedes normalmente (*usually*) en la cafetería o en el apartamento?

_____

9. ¿Estudian ustedes en la biblioteca con frecuencia?

_____

10. ¿Hablan ustedes en español a veces (*sometimes*)?

_____

3.4 Traduzca al español.

1. Leo, do you attend Trinity University?

_____

2. Victoria and Diana live in San Antonio.

_____

3. They speak Spanish every day.

_____

4. They want to study in Guadalajara.

_____

VOCABULARIO: ¿Cuándo? (libro de texto: **Capítulo Tres**)

3.5 Indique cuándo ocurren los incidentes. Complete con las palabras necesarias.

1. Mis amigos no llegan hoy. Llegan _____.
2. No deseo comer ahora. Deseo comer _____ _____.
3. Pobre Miguel. Necesita trabajar todo el día y _____ _____ _____.
4. No asistimos a las clases por la noche. Asistimos a las clases _____ _____ _____ y _____ _____ _____.
5. Los estudiantes no llegan a la clase tarde. Llegan _____ o llegan _____ _____.
6. No deseamos estudiar esta tarde. Deseamos estudiar _____ _____.
7. Necesitamos practicar el español todos _____ _____.

VOCABULARIO: **Más comida y las bebidas** (libro de texto: **Capítulo Tres**)

3.6 Identifique la comida.

1. La comida principal de la mañana es el _____.
2. La comida principal de la tarde es el _____.
3. La comida principal de la noche es la _____.

4. La combinación de tomate, lechuga, cebollas, etc. es una _____.

5. En la ensalada usamos aceite y _____.

6. Frecuentemente comemos hamburguesas con papas _____.

7. Los huevos necesitan sal y _____.

8. El pan tostado necesita mantequilla y _____.

9. En el café tomamos crema y _____.

10. Con una comida muy elegante muchas personas beben _____.

11. El té con hielo no está caliente. Está _____.

12. La leche, el café, el jugo, etc., son _____.

13. El helado, la torta, el pastel, etc. son _____.

ASKING FOR SPECIFIC INFORMATION: Palabras interrogativas
(libro de texto: Capítulo Tres, II)

3.7   Usted necesita información acerca de (*about*) Fernando. Usando (*using*) las palabras interrogativas haga (*ask*) las preguntas que corresponden a las declaraciones.

1. Fernando no está en los Estados Unidos.

   _____

2. Fernando no es de la Florida.

   _____

3. No es abogado.

   _____

4. No llega mañana.

   _____

5. No es alto y moreno.

   _____

6. No tiene seis hijos.

   _____

7. Detroit no es su ciudad favorita.

   _____

3.8   Escriba un diálogo imaginario entre (*between*) usted y un(a) amigo(a). Usted hace (*ask*) las preguntas. Él/Ella contesta de una manera original.

   Ejemplo: de dónde/ser

   Yo: **¿De dónde eres?**

   Él/Ella: **Soy de Texas**, etc.

1. cuántos hermanos o hermanas/tener

   Yo: _____

   Él/Ella: _____

2. dónde/trabajar

Yo: _____

Él/Ella: _____

3. qué días/asistir a la clase de español

Yo: _____

Él/Ella: _____

4. adónde/ir normalmente después de la clase de español

Yo: _____

Él/Ella: _____

5. cuándo/estudiar

Yo: _____

Él/Ella: _____

EXPRESSING LIKES AND DISLIKES: **Gustar** (libro de texto: **Capítulo Tres, III**)

3.9 Usted va al mercado y tiene una lista de las cosas (*things*) que usted y sus amigos desean comprar. Según (*according to*) la lista, indique lo que les gusta a usted y a sus amigos.

Lista para el mercado:

helado de chocolate } para mí
galletas

bananas } para Carmen
jugo de naranja

Coca-Cola } para José y Raúl
perros calientes

1. Me gusta el helado de chocolate y _____

_____

2. A Carmen _____

_____

3. A José y a Raúl _____

_____

3.10 Traduzca al español.

1. Juan, do you like to eat here?

_____

2. Carlos likes the desserts.

_____

3. I like the chocolate cake.

_____

4. We don't like the coffee.

_____

REPASO GENERAL (libro de texto: **Capítulo Tres**)

3.11 Conteste las preguntas en oraciones completas.

1. ¿Cuál es su clase favorita?

   Mi _____

2. ¿Qué necesita usted estudiar esta noche?

_____

3. ¿Le gusta a usted estudiar en la residencia o en la biblioteca?

_____

4. ¿Cuántas horas estudia usted normalmente por la noche?

_____

5. Cuando tiene mucha hambre, ¿qué come usted?

_____

6. Cuando tiene mucha sed, ¿qué bebe usted?

_____

7. ¿Qué le gusta a usted comer en el desayuno?

_____

8. ¿Adónde desea usted ir este (this) fin de semana?

_____

9. A usted y a su compañero(a) de cuarto, ¿les gusta asistir a los conciertos
   de música "rock"?

_____

3.12 ¡Usted es el (la) artista!

Haga un autorretrato (*self-portrait*) en el espacio indicado.

Ahora, descríbase (*describe yourself*). Indique de dónde es usted; cómo es usted; cuántos años tiene; qué comidas le gustan y no le gustan; adónde le gusta ir los fines de semana; cuánto/cuándo trabaja y estudia usted, etc.

_____

_____

_____

_____

_____

_____

_____

_____

Ejercicios escritos: Capítulo Cuatro

VOCABULARIO: **El cuerpo y las actividades** (libro de texto: **Capítulo Cuatro**)

4.1 Identifique las partes del cuerpo o las actividades.

1. Las partes exteriores del cuerpo que usamos para escuchar son las _____.

2. Las partes del cuerpo que usamos para mirar son los _____.

3. Para comer abrimos la _____.

4. El dentista limpia los _____.

5. Pinocchio tiene una _____ muy grande.

6. Para besar usamos los _____.

7. Para abrazar usamos los _____.

8. Para correr usamos las _____ y los _____.

9. Para tocar el piano usamos las _____ y los _____.

10. Cuando leemos y estudiamos mucho, mucho, el resultado es un dolor de _____.

11. Cuando hablamos y cantamos mucho, mucho, el resultado es un dolor de _____.

12. Cuando comemos mucho, mucho postre, el resultado es un dolor de _____.

13. La acción de usar cigarrillos es _____.

14. La acción de preparar la comida es _____.

15. La acción de mover el cuerpo al ritmo (*rhythm*) de la música es _____.

16. La acción que asociamos con el teléfono es _____.

17. La acción que asociamos con coches es _____ o _____.

18. La acción de mover el cuerpo por (*through*) el agua es _____.

4.2 Traduzca al español.

1. I'm looking for Mario.

_____

2. I call his (**su**) sister every Saturday.

_____

3. Tina loves José.

_____

4. José hugs Tina every day.

TALKING ABOUT A WIDER VARIETY OF ACTIVITIES: **Verbos con *yo* irregular** (libro de texto: **Capítulo Cuatro, I**)

4.3 Indique lo que usted y sus amigos o amigas hacen en la clase de español. Escriba la forma correcta del verbo.

Ejemplo: YO   MIS AMIGOS(AS)
traer los cuadernos a la clase
traigo   **traen**

   YO   MIS AMIGOS(AS)

1. **hacer** los ejercicios en el cuaderno

    _____   _____

2. **traducir** las oraciones al español

    _____   _____

3. **ver** películas (*films*) interesantes

    _____   _____

4. **oír** las respuestas correctas en el cassette del laboratorio

    _____   _____

5. **poner** la tarea en el escritorio del profesor (de la profesora)

    _____   _____

6. **dar** las composiciones al profesor (a la profesora)

    _____   _____

7. **salir** de la clase a tiempo

    _____   _____

4.4 Exprese en oraciones completas lo que las personas **saben** o **conocen**.

Ejemplo: nosotros/jugar al tenis
Sabemos jugar al tenis.

1. yo/a María Luisa

_____

2. yo/su número de teléfono

_____

3. ¿tú/dónde vive?

_____

4. ¿tú/bien esa (*that*) parte de la ciudad?

_____

5. ella/bailar muy bien

_____

6. ella también/tocar el piano

_____

TALKING ABOUT A WIDER VARIETY OF ACTIVITIES IN THE PRESENT: **Verbos con cambios en la raíz** (libro de texto: **Capítulo Cuatro, IIA, IIB**)

4.5 Imagínese que usted habla con dos amigos. Usted tiene muchas preguntas. Escriba las preguntas según las indicaciones. Escriba lo que ellos contestan de una manera original.

Ejemplo: qué lenguas/entender
(pregunta) **¿Qué lenguas entienden ustedes?**
(posible respuesta) **Entendemos el español y el francés**, etc.

1. qué deportes/jugar

(pregunta) _____

(respuesta) _____

2. qué/querer hacer esta noche

(pregunta) _____

(respuesta) _____

3. cuándo/poder ir a un restaurante

(pregunta) _____

(respuesta) _____

4. en los restaurantes, qué comida/pedir generalmente

(pregunta) _____

(respuesta) _____

5. qué bebidas/preferir

(pregunta) _____

(respuesta) _____

6. por la noche, cuántas horas/dormir generalmente

(pregunta) _____

(respuesta) _____

4.6 Conteste las preguntas de su amigo(a).

1. ¿Vienes a la clase con toda la tarea preparada?

_____

2. Al entrar (*Upon entering*), ¿dices, "Buenos días, profesor(a)"?

_____

3. ¿Entiendes todo lo que dice el profesor (la profesora)?

_____

4. ¿Puedes contestar todas las preguntas?

_____

5. ¿Prefieres salir de la clase temprano o a tiempo?

_____

4.7 Traduzca al español.

1. Mario, can you cook? I can't!

_____

2. Does Mrs. Romero prefer Mexican food or Chinese food?

_____

3. I don't know. At what time is she coming?

_____

4. I don't understand why she is not here.

_____

STATING PREFERENCES AND OBLIGATIONS: *tener ganas de...* y *tener que...* (libro de texto: **Capítulo Cuatro, III**)

4.8 Leti es muy organizada. Tiene una lista de las cosas que va a hacer el sábado. Indique las cosas que ella **tiene que hacer** (posibles obligaciones) y las cosas que **tiene ganas de hacer** (posibles deseos) según cada (*each*) actividad en la lista.

sábado el 7 de abril

1. limpiar el cuarto
2. escribir la composición
3. jugar al tenis con Concha
4. ir al supermercado
5. llamar a la farmacia
6. llamar a Óscar
7. ir al drama

1. <u>Tiene que ...</u> _____

2. _____

3. _____

4. _____

5. _____

6. _____

7. _____

4.9 Conteste las preguntas personales en oraciones completas.

1. ¿Qué tiene que hacer usted esta noche?

_____

2. ¿Qué debe hacer usted mañana?

_____

3. ¿Qué tiene ganas de hacer usted este fin de semana?

_____

4. ¿Adónde prefiere ir usted para las vacaciones?

_____

MAKING FUTURE PLANS: *Ir + a + infinitivo* (libro de texto: **Capítulo Cuatro, IV**)

4.10 Según los dibujos, indique lo que usted y sus amigos(as) **van a hacer** esta tarde.

1.

Yo _____

2.

Esteban _____

3.

Natalia _____

4.

Linda y Manuel _____

5.

Rubén _____

6.

Mario y Alfonso _____

7.

Martín y yo _____

INDICATING POSSESSION: **Posesión con *de*** (libro de texto: **Capítulo Cuatro, V**)

4.11 Indique de quién son los artículos. Use la preposición **de**.

1. el voleibol/ser/mi hermano

_____

2. la raqueta de tenis/ser/mi madre

_____

3. los clubes de golf/ser/mi padre

_____

Ahora haga preguntas para saber **de quién** son los artículos.

4. ¿ser/los esquíes?

_____

5. ¿ser/la radio?

_____

6. ¿ser/los cassettes?

_____

4.12 Usted y sus amigos están en la residencia de estudiantes. Tienen que salir para las clases y necesitan saber dónde están sus cosas.

Ejemplo: Tengo que salir. (libros)
　　　　　¿Dónde están mis libros?

1. Tengo que salir. (cuadernos)

_____

2. Susana tiene que salir. (suéter)

_____

3. Marco y Timoteo tienen que salir. (manuales de laboratorio)

_____

4. Tú tienes que salir. (calculadora)

_____

5. Nosotros tenemos que salir. (tarea)

_____

REPASO GENERAL (libro de texto: **Capítulo Cuatro**)

4.13 Conteste las preguntas en oraciones completas.

1. ¿A qué hora sale usted de la residencia de estudiantes?

_____

2. ¿A quién en la clase de español conoce usted muy bien?

_____

3. ¿Sabe usted tocar un instrumento musical? (¿Cuál?)

_____

4. ¿Qué hace usted normalmente los lunes por la noche?

_____

5. ¿Qué prefiere hacer usted los sábados?

_____

6. ¿Qué no quiere hacer usted ahora?

_____

7. ¿Qué puede hacer usted muy bien? (talentos especiales)

_____

8. ¿Qué tiene que hacer usted todos los sábados por la noche?

_____

9. ¿Qué tienen ganas de hacer usted y sus amigos los viernes por la noche?

_____

10. ¿Qué va a hacer usted este fin de semana?

_____

4.14 Camila

Describa a Camila, lo que hace ella, etc. Use los verbos **ser, estar, deber, tener ganas de...**, **dormir**, etc.

_____

_____

_____

_____

_____

_____

_____

Camila

Ejercicios escritos: Capítulo Cinco

VOCABULARIO: **La ropa** (libro de texto: **Capítulo Cinco**)

5.1 Complete con el artículo de ropa o el color apropiado.

1. Las mujeres llevan blusa; los hombres llevan _____.
2. Las mujeres llevan medias; los hombres llevan _____.
3. A un restaurante elegante las mujeres llevan vestido; los hombres llevan chaqueta y _____.
4. En los pies llevamos calcetines y _____.
5. En la cabeza llevamos _____ o _____.
6. En las manos llevamos _____.
7. Cuando tenemos mucho frío, llevamos un suéter y un _____.
8. Cuando jugamos al voleibol no llevamos pantalones largos y camisa. Llevamos _____ _____ y _____.
9. Cuando vamos a la playa para nadar llevamos un _____ de _____.
10. Cuando no vemos bien, necesitamos _____ o _____ de _____.
11. Cuando queremos saber la hora, miramos el _____.
12. Las joyas que llevamos en los dedos se llaman _____.
13. Unas mujeres prefieren las faldas cortas. Otras prefieren las faldas _____.
14. Los calcetines de mi compañero(a) de cuarto no están limpios; están _____.
15. El collar y la pulsera no son baratos; son _____.
16. Normalmente el color de los blujeans o los vaqueros es _____.
17. Normalmente el color de los zapatos de tenis es _____.
18. La combinación de los colores rojo y blanco produce el color _____.
19. La combinación de los colores blanco y negro produce el color _____.
20. Las fresas son (color) _____; las uvas son _____ o _____; los limones son _____.

POINTING OUT THINGS AND PERSONS: **Los demostrativos** (libro de texto: **Capítulo Cinco, I**)

5.2 Usted va de compras con una amiga. Usted le hace preguntas a ella para saber lo que va a comprar. Complete con los demostrativos apropiados.

1. ¿Vas a comprar _____ blusa aquí o _____ allí?

2. ¿Prefieres _____ pantalones aquí o _____ allí?

3. ¿Te gusta _____ vestido aquí o _____ allí?

4. ¿Quieres comprar _____ botas aquí o _____ allí?

5.3   Traduzca al español.

1. Susan is going to wear this sweater, but I prefer that one.

   _____

2. That jacket (way over there) is Lisa's.

   _____

3. What is this? I don't know.

   _____

EMPHASIZING POSSESSION: Los adjetivos y pronombres de posesión (libro de texto: Capítulo Cinco, II)

5.4   Conteste para indicar de quién son los artículos. Use el adjetivo posesivo en su respuesta.

Ejemplo: Ese impermeable gris, ¿es de Susana?
             Sí, es suyo.

1. Ese reloj, ¿es tuyo?

   _____

2. Esas gafas de sol, ¿son tuyas?

   _____

3. Esa bolsa azul, ¿es de Anita?

   _____

4. Esa cartera negra, ¿es de Pedro?

   _____

5. Esas camisetas, ¿son de ustedes?

   _____

6. Esos sombreros de playa, ¿son de ustedes?

   _____

5.5   Traduzca al español.

1. A friend (f.) of mine is wearing my jacket.

   _____

2. Whose is this blue umbrella?

   _____

3. It's not mine. It's Anita's.

TALKING ABOUT THE WEATHER AND THE SEASONS: **El tiempo y las estaciones** (libro de texto: **Capítulo Cinco, III**)

5.6   Exprese qué tiempo hace según la situación.

1. Es el invierno en Alaska. _____ _____.
2. Es el verano y estamos en la Florida. _____ _____.
3. Es un día perfecto. _____ _____ _____.
4. Es un día malo. _____ _____ _____.
5. No hace mucho calor y no hace mucho frío. _____ _____.
6. Estamos en la playa y necesitamos un sombrero. _____ _____.
7. Necesitamos llevar nuestros impermeables y paraguas. _____ hoy.
8. Estamos en Montana en el invierno y vamos a construir un hombre de nieve. _____ aquí frecuentemente.
9. Vemos que el cielo (sky) está muy gris hoy. Está _____.

COUNTING FROM 100: **Los números de cien a...** (libro de texto: **Capítulo Cinco, IV**)

5.7   Leti está en el mercado público de Mérida, Venezuela. Está comprando regalos para su familia y sus amigos. Tiene una lista de los regalos comprados (bought) y de los precios [en bolívares, la moneda (currency) de Venezuela]. Escriba el precio de cada artículo en bolívares y el precio total en bolívares y en dólares.

Mi lista de regalos

para mamá	– suéter	1200 Bs.
para Sonia	– bolsa	720 Bs.
para papá	– cartera	504 Bs.
para abuelito	– cinturón	350 Bs.
para abuelita	– blusa	960 Bs.
para Óscar	– hamaca	690 Bs.
	TOTAL	4424 Bs.
aproximadamente	$75.00	

1. suéter: _____
2. bolsa: _____
3. cartera: _____
4. cinturón: _____
5. blusa: _____

6. hamaca: _____

7. Total (B's): _____

8. Total ($): _____

INDICATING DATES: ¿Cuál es la fecha? (libro de texto: Capítulo Cinco, V)

5.8   Indique los meses según las estaciones.

1. En la América del Norte los meses del invierno son diciembre, _____ y _____.

2. Los meses de la primavera son marzo, _____ y _____.

3. Los meses del verano son junio, _____ y _____.

4. Los meses del otoño son septiembre, _____ y _____.

5.9   Algunos amigos hispanos suyos quieren saber la fecha de ciertos eventos históricos de los Estados Unidos. Escriba la fecha completa de cada (each) evento.

evento	día	mes	año
1. independencia	4	7	1776
2. ataque a Pearl Harbor	7	12	1941
3. fin de la Guerra Civil	9	4	1865
4. primer viaje (trip) espacial a la luna (moon)	20	7	1969

INDICATING THAT AN ACTION HAS BEEN GOING ON FOR A PERIOD OF TIME: Hacer para expresar tiempo (libro de texto: Capítulo Cinco, VI)

5.10   ¿Cuánto tiempo hace que la acción ocurre? Escriba oraciones con las palabras indicadas y **hace + tiempo + que**...

1. tres meses/yo/llevar lentes de contacto

_____

2. dos días/Miguel/llevar esos calcetines

_____

3. un año/Marta y yo/trabajar en la tienda de ropa

_____

5.11 Traduzca al español.

1. Ana, how long have you been here?

_____

2. We have been here for half an hour.

_____

3. Martín and Eva have been dancing for fifteen minutes.

_____

EMPHASIZING THAT AN ACTION IS IN PROGRESS: **El presente de progresivo** (libro de texto: **Capítulo Cinco, VII**)

5.12 Escriba las oraciones para indicar que la acción está ocurriendo **ahora**.

Ejemplo: Felipe fuma muchos cigarrillos.
Está fumando ahora.

1. Mis padres limpian la casa todas las semanas.

_____

2. Mi hermano escucha la radio frecuentemente.

_____

3. Mi hermana compra mucha ropa.

_____

4. Yo escribo todos los ejercicios en el cuaderno.

_____

5. El bebé siempre duerme por la tarde.

_____

6. Nosotros leemos todas las noches.

_____

REPASO GENERAL (libro de texto: **Capítulo Cinco**)

5.13 Conteste las preguntas en oraciones completas.

1. ¿Qué tiempo hace hoy?

_____

2. ¿Cuál es su estación favorita?

_____

3. ¿Cuál es la fecha de hoy?

_____

4. ¿Cuánto tiempo hace que usted escribe estos ejercicios?

5. ¿De quién es ese bolígrafo que usted está usando?

6. Es el lunes por la noche. En su opinión, ¿qué están haciendo los estudiantes?

7. Es el sábado por la noche. En su opinión, ¿qué están haciendo los estudiantes?

5.14 Martín

Describa a Martín: sus características, su ropa, lo que está haciendo, dónde está.
¿Qué tiempo hace? ¿Cuál es la estación?

Martín

Ejercicios escritos: Capítulo Seis

VOCABULARIO: **En la ciudad** (libro de texto: **Capítulo Seis**)

6.1 Complete con el lugar o el modo de transporte indicado.

1. En las ciudades hispanas, la _____ generalmente está en el centro de la ciudad.

2. Una tienda muy grande donde venden una variedad de ropa, etc. es un _____.

3. Un edificio muy, muy alto se llama un _____.

4. Los edificios altos y grandes, los bancos y los almacenes están en el _____ de la ciudad.

5. Compramos joyas en la _____.

6. Compramos zapatos en la _____.

7. En la ciudad, comemos en un _____ o en un _____.

8. Compramos revistas y _____ en el _____.

9. Para ver una película vamos al _____ o al _____.

10. Para ver obras (*works*) de arte, vamos al _____.

11. Los domingos muchas personas religiosas van a la _____.

12. Cuando estamos en la ciudad sin coche, necesitamos esperar un _____ o un _____.

13. El sistema de transporte que está debajo de (*underneath*) las calles se llama el _____.

14. Las calles muy grandes que pasan por las ciudades se llaman _____.

6.2 Conteste en oraciones completas.

1. ¿En qué piensa usted cuando está solo(a)?

_____

2. ¿Qué piensa usted hacer en el centro de la ciudad?

_____

3. ¿Qué piensa usted de la película "The Wizard of Oz"?

_____

4. Por lo general, ¿a qué hora empiezan las películas por la tarde? ¿y a qué hora terminan?

_____

INDICATING AN IMPERSONAL OR ANONYMOUS ACTION: **El se impersonal y el se pasivo** (libro de texto: **Capítulo Seis, I**)

6.3 Su amigo(a) le hace muchas preguntas a usted para saber algo (*something*) de la ciudad. Usted responde de una manera original.

Ejemplo: dónde/vender/pan
Amigo(a): **¿Dónde se vende pan?**
Yo: **Se vende en la panadería**, etc.

1. dónde/vender/zapatos de tenis

Amigo(a):_____

Yo: _____

2. a qué hora/abrir/las tiendas

Amigo(a):_____

Yo: _____

3. a qué hora/cerrar/el banco

Amigo(a):_____

Yo: _____

4. dónde/comprar libros

Amigo(a):_____

Yo: _____

TALKING ABOUT ACTIONS IN THE PAST: **El pretérito** (libro de texto: **Capítulo Seis, II**)

6.4 Indique las actividades en que usted y sus amigos participaron el fin de semana pasado. Escriba la forma correcta del verbo.

Ejemplo:

YO	LUIS	LINDA Y ANA
visitar el museo		
visité	visitó	visitaron

YO	LUIS	LINDA Y ANA
1. **volver** a casa		
_____	_____	_____
2. **pasar** una hora en la biblioteca		
_____	_____	_____
3. **empezar** a escribir la composición para la clase de español		
_____	_____	_____

4. **jugar** al voleibol

_____ _____ _____

5. **ir** al cine

_____ _____ _____

6. **comer** en un restaurante

_____ _____ _____

7. **asistir** a un concierto

_____ _____ _____

6.5 Indique que usted o usted y sus amigos(as) participaron en todas las actividades **anoche**.

Ejemplo: No vamos a **llamar** esta noche.
          Llamamos anoche.

1. No voy a **estudiar** esta noche.

_____

2. No vamos a **salir** esta noche.

_____

3. No vamos a **mirar** la televisión esta noche.

_____

4. No voy a **escuchar** la radio esta noche.

_____

5. No vamos a **cocinar** esta noche.

_____

6. No voy a **correr** esta noche.

_____

7. No vamos a **ir** de compras esta noche.

_____

6.6 Su amigo(a) tiene muchas preguntas para usted. Usted responde de una manera original.

Ejemplo: dónde/trabajar el verano pasado
          Amigo(a): **¿Dónde trabajaste el verano pasado?**
          Yo: **Trabajé en un almacén**, etc.

1. qué película/ver anoche

   Amigo(a): _____

   Yo: _____

2. qué/perder en el autobús

   Amigo(a):_____

   Yo: _____

3. qué/encontrar en el parque esta mañana

   Amigo(a):_____

   Yo: _____

4. cuánto tiempo/esperar en el parque

   Amigo(a):_____

   Yo: _____

5. cuándo/devolver los libros a la biblioteca

   Amigo(a):_____

   Yo: _____

6. a qué hora/ir a la catedral

   Amigo(a):_____

   Yo: _____

6.7   Traduzca al español.

1. What happened yesterday?

   _____

2. We visited the museum and went to the mall.

   _____

3. Mónica, did you buy the dress?

   _____

4. We saw a very good film.

   _____

5. We liked it a lot.

   _____

EXPRESSING ADDITIONAL ACTIONS IN THE PAST: Verbos con cambios en la raíz en el pretérito (libro de texto: Capítulo Seis, III)

6.8   Imagínese que usted y sus amigos salieron a un restaurante elegante para cenar. Escriba oraciones para indicar lo que pasó.

   1. **Para entender las selecciones del menú...**

el camarero/repetir las especialidades del restaurante

_____

yo/repetir el nombre del plato especial

_____

Anita y Linda/repetir los nombres de los aperitivos

_____

2. **Para variar nuestras selecciones...**
   yo/pedir el arroz con pollo

_____

Anita/pedir la paella

_____

Tina y Susana/pedir camarones Alfredo

_____

3. **De todos los postres...**
   yo/preferir la torta de chocolate

_____

Tina/preferir el pastel de limón

_____

Susana y Anita/preferir el helado de fresa

_____

4. **Después de (_after_) la cena volvimos a casa y...**
   yo/dormir bien toda la noche

_____

Anita/no dormir bien

_____

Tina y Susana/dormir hasta (_until_) las diez de la mañana

_____

VOCABULARIO: **El dinero y el banco** (libro de texto: **Capítulo Seis**)

6.9 Complete con la referencia apropiada.

   1. Un turista va al banco porque quiere cambiar los cheques de _____.
   2. El turista debe escribir su nombre en el cheque, o debe _____ el cheque.

3. Cuando no usamos cheque ni tarjeta de crédito, pagamos con _____.

4. Cuando el artículo cuesta ocho dólares y pagamos diez, recibimos dos dólares de _____.

5. Lo contrario de sacar dinero del banco es _____ dinero.

6. Lo contrario de depositar el cheque es _____ el cheque.

7. Lo contrario de gastar dinero es _____ dinero o _____ dinero.

8. En el banco, para escribir a máquina usan una _____ de _____.

9. Para calcular matemáticas rápidamente, usan una _____.

10. IBM produce muchas _____.

AVOIDING REPETITION WHEN REFERRING TO PERSONS AND THINGS: **Pronombres de complemento directo** (libro de texto: **Capítulo Seis, IV**)

6.10 Leti, la organizada, tiene una lista de las cosas que debe hacer el viernes por la tarde en el banco.

banco ~ viernes por la tarde
depositar cheques de mamá
cobrar cheque de abuelita
firmar documentos
comprar cheques de viajero
pagar cuenta de teléfono

A. Según la lista de Leti, indique lo que va a hacer, quiere hacer, etc. Use los pronombres de complemento directo.

1. ¿los cheques de mamá? Leti va a _____.

2. ¿el cheque de abuelita? Ella quiere _____.

3. ¿los documentos? Tiene que _____.

4. ¿los cheques de viajero? Va a _____.

5. ¿la cuenta de teléfono? Debe _____.

B. Ahora, indique lo que ella hizo (*did*) el viernes por la tarde.

1. ¿los cheques de mamá? <u>Leti **los depositó.**</u>

2. ¿el cheque de abuelita? _____

3. ¿los documentos? _____

4. ¿los cheques de viajero? _____

5. ¿la cuenta de teléfono? _____

6.11 Traduzca al español.

1. Miguel, did María call you yesterday?

_____

2. Did she return the books to the library?

_____

3. Yes, she returned them yesterday.

_____

4. She is going to wait for us at the bus stop.

_____

REFERRING TO INDEFINITE AND NON-EXISTENT PERSONS AND THINGS: **Palabras afirmativas y negativas** (libro de texto: **Capítulo Seis, V**)

6.12 Conteste las preguntas en la forma negativa.

1. ¿Vio usted a alguien en el taxi?

_____

2. ¿Alguien compró las entradas (_tickets_) para el museo?

_____

3. ¿Compró usted algo en el almacén?

_____

4. ¿Van ustedes a comprar algo en la joyería?

_____

6.13 Traduzca al español.

1. I don't see anyone in the bank.

_____

2. I see someone.

_____

3. He has something in his bag.

_____

4. Is he counting the money?

_____

5. No one sees him!

_____

REPASO GENERAL (libro de texto: **Capítulo Seis**)

6.14 Conteste en oraciones completas.

1. ¿Hay alguien en su cuarto en este momento?

_____

2. ¿Cuántas horas durmió usted anoche?

_____

3. ¿A qué hora salió usted de la residencia para ir al centro?

_____

4. ¿Qué lugares visitó usted en el centro?

_____

5. ¿Fue usted al museo de arte?

_____

6. ¿Compró usted algo en el almacén?

_____

7. ¿A qué hora se cerró el almacén?

_____

8. ¿Vio usted a sus amigos en el almacén?

_____

6.15 El ladrón

Indique lo que posiblemente pasó. Use los verbos indicados en el pretérito.
entrar, no ver, robar, salir de, correr, cerrar, contar, ir

_____

_____

_____

Ejercicios escritos: Capítulo Siete

VOCABULARIO: **El campo y la naturaleza** (libro de texto:
Capítulo Siete)

7.1 Complete con la palabra apropiada.

1. El animal grande que los españoles trajeron (*brought*) al Nuevo Mundo es el _____.

2. El bistec es carne que viene de la _____.

3. El jamón, el tocino y la salchicha son carnes que vienen del _____.

4. El pollo viene de la _____.

5. La boa y la anaconda son _____ muy grandes.

6. El animal que vemos en el cielo es el _____.

7. Cuando llueve hay muchas _____ grises en el cielo.

8. Cuando hay una tormenta muy violenta, frecuentemente vemos _____ en el cielo.

9. En el cielo, por la noche, vemos la _____ y las _____.

10. La planta verde que comen las vacas es la _____.

11. La rosa y la violeta son _____ bonitas.

12. Muchos _____ forman un bosque.

13. Hay mucha vegetación tropical, arañas, serpientes, etc. en la _____.

14. Hay cacto en el _____.

15. La tierra entre (*between*) montañas es un _____.

16. El Misisipí, el Amazonas y el Nilo son _____ famosos.

17. En los ríos podemos ver muchos _____ nadando.

18. Cuando queremos ir de una parte del lago a otra, usamos un _____.

19. En la playa los niños nadan en el _____ o en el _____ y construyen castillos (*castles*) en la _____.

20. La tierra que está en medio del océano se llama una _____.

21. Cuando estamos acampando, dormimos en un _____ de _____.

22. Cuando estamos acampando y necesitamos cocinar, es necesario hacer un _____.

23. Nos gusta viajar. Este verano queremos hacer un _____ a Alaska.

EXPRESSING ADDITIONAL ACTIONS IN THE PAST:
Otros verbos irregulares en el pretérito (libro de texto: **Capítulo Siete, I**)

7.2   Indique lo que usted y las personas de la familia hicieron en preparación para el viaje a la selva y durante (*during*) el viaje a la selva. Escriba la forma correcta del verbo.

Ejemplo: **venir** a la casa a las cinco de la mañana
Mis tíos **vinieron**...; mi primo **vino**...

1. **hacer** los preparativos para el viaje

   Yo _____...; Mis hermanas _____...

2. **poner** las cosas en el Jeep

   Mis padres _____...; mi primo _____...

3. **traer** comida

   Mi madre _____...; mis tíos _____...

4. **andar** por la selva

   Yo _____...; toda la familia _____...

5. **poder** ver plantas e insectos extraordinarios

   Mi primo _____...; nosotros _____...

6. **querer** explorar el río

   Mi primo _____...; mis tíos _____...

7. **estar** allí dos días

   Yo _____...; todos _____...

8. **tener** una experiencia fantástica

   Yo _____...; toda la familia _____...

7.3   Indique que usted y/o las otras personas participaron en las actividades en el pasado.

Ejemplo: Los estudiantes de Guatemala no van a **venir a la clase** hoy.
Vinieron a la clase el martes pasado.

1. No vamos a **tener un examen** hoy.

   _____ ayer.

2. No vamos a **traer comida a la clase** hoy.

   _____ la semana pasada.

3. No vamos a **hacer la tarea** esta noche.

_____anoche.

4. La profesora no va a **darnos un dictado** (*dictation*) hoy.

_____ anteayer.

5. La profesora no va a **traducir el poema** ahora.

_____ ayer.

6. La profesora no va a **estar en su oficina** esta tarde.

_____ esta mañana.

7.4 ¿Qué hizo su amigo(a)? Hágale preguntas a su amigo(a) para saber lo que hizo anoche. Use las palabras indicadas.

1. ¿dónde/estar/anoche?

_____

2. ¿qué/hacer?

_____

3. ¿poder/encontrar un taxi?

_____

4. ¿adónde/ir?

_____

5. ¿a qué hora/tener que volver?

_____

7.5 Traduzca al español.

1. What did they say?

_____

2. What did they do?

_____

3. Why did they bring the insects to class?

_____

4. Where did they put them?

_____

5. The professors found out who did it!

_____

INDICATING AN ACTION THAT TOOK PLACE SOME TIME AGO: *Hacer* **para expresar** *ago* (libro de texto: **Capítulo Siete, II**)

7.6 Unos amigos suyos fueron a las montañas para acampar. Usted les hace preguntas para saber **cuándo** ocurrieron ciertas cosas. Ellos responden, indicando **cuánto tiempo hace** que ocurrieron esas cosas.

> *Ejemplo:* **decidir** ir a las montañas/dos meses
> (pregunta) **¿Cuándo decidieron ir a las montañas?**
> (respuesta) **Decidimos ir hace dos meses.**

1. **empezar** a hacer los planes/un mes

   ¿ Cuándo..._____**?**

   _____

2. **comprar** las carpas/tres semanas

   ¿_____**?**

   _____

3. **pedir** los sacos de dormir de L. L. Bean/tres semanas

   ¿_____**?**

   _____

4. **salir**/dos semanas

   ¿_____**?**

   _____

5. **volver**/cinco días

   ¿_____**?**

   _____

INDICATING TO WHOM SOMETHING IS DONE: **Pronombres de complemento indirecto** (libro de texto: **Capítulo Siete, III**)

7.7 Una tía suya, muy generosa, les dio a todas las personas en la familia lo que pidieron. Indique lo que su tía le dio a cada (*each*) persona.

> *Ejemplo:* mi hermana/un voleibol
> **Mi tía le dio un voleibol.**

1. yo/un saco de dormir

   _____

2. mis padres/un barco de pesca

   _____

3. tú/una mochila

_____

4. mi hermana/una bicicleta

_____

5. nosotros/una carpa

_____

7.8 Indique lo que usted hizo después de (*after*) volver de su viaje a México. Escriba oraciones con las palabras indicadas, usando el pronombre de complemento indirecto.

Ejemplo: mostrar/el álbum/a mamá
Le mostré el álbum a mamá.

1. regalar/una bolsa/a mi amiga Linda

_____

2. mandar/unos regalos/a mis primos

_____

3. mostrar/las fotos/a mi tía

_____

4. devolver/la cámara/a mi padre

_____

5. contar/mis aventuras/a mis abuelos

_____

6. traer/un vestido/a mi hermana

_____

EXPRESSING ADDITIONAL LIKES, DISLIKES, AND INTERESTS:
Verbos similares a *gustar* (libro de texto: **Capítulo Siete, IV**)

7.9 Indique lo que les encanta, les molesta, etc. a las personas según la información en cada oración. Escriba oraciones usando el verbo apropiado.

importar   molestar   fascinar   encantar   interesar

Ejemplo: Alfonso tiene muchas ganas de pescar.
Le encanta pescar.

1. Alfonso dice que las arañas son muy fascinantes.

_____

2. La actividad favorita de Anita y de su amiga Marta es montar a caballo.

_____

3. ¡Qué molestia! Estamos acampando y hay tantos (*so many*) mosquitos.

_____

4. Tengo mucho interés en estudiar los insectos y la vegetación de la selva.

_____

5. Camila dice que la preservación de la naturaleza es muy importante.

_____

ANSWERING THE QUESTIONS OF *WHAT?* AND *TO WHOM?* WITHOUT BEING REPETITIVE: **Los pronombres de complemento directo e indirecto** (libro de texto: **Capítulo Siete, V**)

7.10 Imagínese que un(a) amigo(a) le hace preguntas a usted. Contéstele usando los pronombres de complemento directo e indirecto.

   Ejemplo: ¿Quién te dio el regalo? (mi madre)
   Mi madre me lo dio.

   1. ¿Quién te mandó el artículo? (mi padre)

   _____

   2. ¿Quién te mostró el mapa? (Fernando)

   _____

   3. ¿Quién te explicó las direcciones? (Mónica)

   _____

   4. ¿Quién te pidió la información? (mi hermana)

   _____

   5. ¿Quién te prestó los binoculares? (mi tío)

   _____

   6. ¿Quién te trajo las botas? (mi hermano)

   _____

7.11 Leti, la organizada, viajó al Perú. Escribió una lista de lo que va a hacer al (*upon*) volver a casa. Conteste las preguntas según la información en la lista.

   1. ¿Qué va a hacer con el poncho?

   Va a regalárselo a Óscar. _____

Al volver a casa . . . .

regalar :
  el poncho - Óscar
  los anillos - Elena y Sonia
  la pulsera - hermanita

mostrar :
  las fotos de Cuzco - abuelos
  el mapa del Perú - la profesora Serra

devolver :
  la mochila - Juan
  la cámara - mamá

2. ¿Qué va a hacer con los anillos?

_____

3. ¿Qué va a hacer con la pulsera?

_____

4. ¿Qué va a hacer con las fotos de Cuzco?

_____

5. ¿Qué va a hacer con el mapa del Perú?

_____

6. ¿Qué va a hacer con la mochila?

_____

7. ¿Qué va a hacer con la cámara?

_____

7.12 Traduzca al español.

1. Juanita, who sent you the flowers?

_____

2. Alejandro gave them to me.

_____

3. Are you going to show them to your parents?

_____

DESCRIBING HOW ACTIONS TAKE PLACE: **Los adverbios** (libro de texto: **Capítulo Siete, VI**)

7.13 Alfonso y Esteban van a las montañas frecuentemente. Complete las oraciones para indicar cómo o cuándo hacen las cosas indicadas. Use el adverbio.

1. (Probable) _____ van a las montañas este fin de semana.
2. (General) _____ prefieren subir las montañas más altas.
3. (Frecuente) _____ pescan en los ríos.
4. (Normal) _____ no nadan en los ríos.
5. (Común) _____ pasan mucho tiempo contemplando la naturaleza.
6. (fácil) Dicen que pueden poner la carpa _____.
7. (inmediato) Cuando llega una tormenta, bajan de la montaña _____.
8. (rápido) Dicen que es muy peligroso; por eso, descienden _____.

REPASO GENERAL (libro de texto: **Capítulo Siete**)

7.14 Conteste en oraciones completas.

1. ¿Dónde estuvo usted anoche?

   _____

2. ¿Qué hizo usted anoche?

   _____

3. ¿Qué tuvo que hacer usted ayer?

   _____

4. ¿Cuándo volvió usted a casa? (ago)

   _____

5. ¿Le contó usted a su hermano(a) unos incidentes de su vida en la universidad?

   _____

6. ¿Le prestó usted a su hermano(a) el coche?

   _____

7. ¿Qué cosas le interesan a usted mucho?

   _____

8. ¿Qué le encanta a usted hacer?

   _____

7.15 Linda y Natalia

Natalia y Linda hicieron un viaje a la playa. Describa lo que pasó usando las palabras indicadas y la imaginación.

llegar/hacer	**llegar/tormenta**
no poder	**normalmente/encantar**
tener que	**empezar a**
estar	

Natalia y Linda

_____

_____

_____

_____

_____

_____

_____

_____

Ejercicios escritos: Capítulo Ocho

VOCABULARIO: **En el hogar** (libro de texto: **Capítulo Ocho**)

8.1   Complete con la palabra apropiada del vocabulario.

1. El cuarto donde dormimos es la _____ o la _____.
2. El mueble en que dormimos es la _____.
3. El mueble en que ponemos la ropa interior, etc. es la _____.
4. El mueble en que ponemos libros, el estéreo, etc. es el _____.
5. El cuarto donde ponemos el sofá es la _____.
6. Una silla muy grande que ponemos en la sala es el _____.
7. Ponemos _____ en las ventanas.
8. Decoramos las paredes con _____.
9. Ponemos una _____ en el suelo.
10. Para poder ver debemos encender la _____ o la _____.
11. El cuarto que tiene el inodoro y la bañera es el _____.
12. Para lavarnos las manos en el lavabo necesitamos agua y _____.
13. Cuando salimos de la ducha necesitamos una _____.
14. El cuarto donde ponemos el refrigerador es la _____.
15. Usamos la _____ para cocinar y el _____ para lavar los platos.
16. Cuando un niño está comiendo y tiene la boca o las manos sucias, usa una _____.
17. Para comer un bistec necesitamos un cuchillo y un _____; para tomar la sopa usamos una _____.
18. Una persona puede tomar café en una _____, leche en un _____ y vino en una _____.
19. Para poder ver una película en casa alquilamos un _____.
20. Para escuchar la música ponemos un cassette o una cinta en la _____.
21. Para subir de un piso a otro usamos la _____.
22. Ponemos el coche en el _____.
23. Las personas que viven en la casa cerca de (*near*) nuestra casa son nuestros _____.

DESCRIBING IN THE PAST: **El imperfecto** (libro de texto: **Capítulo Ocho, I**)

8.2   Indique las actividades que ocurrían cuando usted pasaba los veranos en la casa de sus abuelos. Complete con la forma correcta del verbo en el imperfecto.

1. (dormir) Yo _____ en la cama grande.

2. (correr) Mi hermana y yo _____ por el jardín.

3. (jugar) Nosotros _____ en el sótano.

4. (preparar) Mi abuela _____ galletas deliciosas.

5. (comer) Mis abuelos _____ mucho pollo frito.

6. (mirar) Yo _____ la televisión.

7. (ver) Mi hermana y yo _____ muchos vídeos.

8. (tomar) Mis abuelos _____ muchas siestas.

9. (ir) Con frecuencia nosotros _____ al lago.

10. (ir) El perro y el gato _____ con nosotros.

11. (ser) En la casa de mis abuelos yo _____ un(a) niño(a) muy bueno(a).

12. (ser) Mis abuelos _____ fantásticos.

8.3   Indique las cosas que usted no hace ahora, pero que hacía cuando era niño(a).

Ejemplo: Ahora no **tomo** siestas, pero cuando era niño(a) **tomaba** muchas siestas.

1. Ahora yo no **juego** en el jardín, pero cuando era niño(a) _____ en el jardín todos los días.

2. Ahora mis amigos y yo no **subimos** los árboles, pero cuando éramos niños los _____ frecuentemente.

3. Ahora tú no **miras** el programa "Plaza Sésamo" (*Sesame Street*), pero cuando eras niño(a) lo _____ todos los días.

4. Ahora mis padres no **hacen** mi cama, pero cuando era un(a) niño(a) pequeño(a) la _____ todas las mañanas.

5. Ahora yo no **puedo** tocar la trompeta, pero cuando era niño(a) _____ tocarla.

6. Ahora mi hermana y yo no **queremos** dormir en el sótano, pero cuando éramos niños _____ hacerlo todos los fines de semana.

TALKING ABOUT AND DESCRIBING PERSONS, THINGS, AND ACTIONS IN THE PAST: **El pretérito y el imperfecto** (libro de texto: **Capítulo Ocho, II**)

8.4   Indique lo que ocurrió y lo que ocurría cuando su familia estaba en la ciudad de México. Complete con los verbos en el pretérito o en el imperfecto según las indicaciones.

1. (alquilar) Todos los veranos mi familia _____ una casa en la ciudad de México. El mes pasado mi padre _____ una casa.

2. (ir) Muchas veces yo _____ al centro para visitar los museos. Una vez _____ al parque de Chapultepec.

3. (comer) Todos los viernes mi hermano y yo _____ enchiladas en la casa de la señora Torres. Un día _____ tamales.

4. (subir) Un sábado por la mañana mis hermanas _____ la Pirámide del Sol. Frecuentemente _____ la Pirámide de la Luna.

5. (andar) Una vez yo _____ por los canales de Xochimilco en un barco. Muchas veces _____ por los mercados públicos de la ciudad.

8.5 Narre la historia de la niña y de su abuela. Cambie los verbos del presente al pasado (pretérito o imperfecto).

1. _____ **Es** un día bonito.

2. _____ **Hace** buen tiempo.

3. _____ **Son** las cinco y media de la tarde.

4. _____ Una niña **camina** por el bosque.

5. _____ **Lleva** un vestido rojo y una bolsa grande.

6. _____ **Visita** a su abuela todos los sábados.

7. _____ Cuando **llega** a la casa de su abuela,

_____ **abre** la puerta y

_____ **entra**.

8. _____ La abuela **está** en la cama.

9. _____ **Hay** una lámpara cerca de la cama.

10. _____ La niña **enciende** la luz.

11. _____ ¡Ay! ¡La abuela **tiene** una nariz muy grande y una boca enorme con muchos dientes!

12. _____ En ese momento la niña **tiene** miedo y

_____ **sale** de la casa corriendo.

8.6 Traduzca al español.

1. What was the wolf doing there? (*wolf* = **lobo**)

_____

2. Was he sleeping when the little girl arrived?

_____

3. Did she go to her grandmother's house every day?

_____

4. What did she do when she saw the wolf?

_____

INDICATING WHERE AND WHEN: **Preposiciones de localización y otras preposiciones útiles** (libro de texto: **Capítulo Ocho, III**)

8.7 Alguien le regaló una planta a Leti. Según los dibujos de Leti, indique dónde está pensando en poner las plantas.

1.    Está pensando en ponerla...

2.    Está pensando en ponerla...

3. 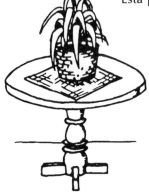   Está pensando en ponerla...

4.    Está pensando en ponerla...

5. 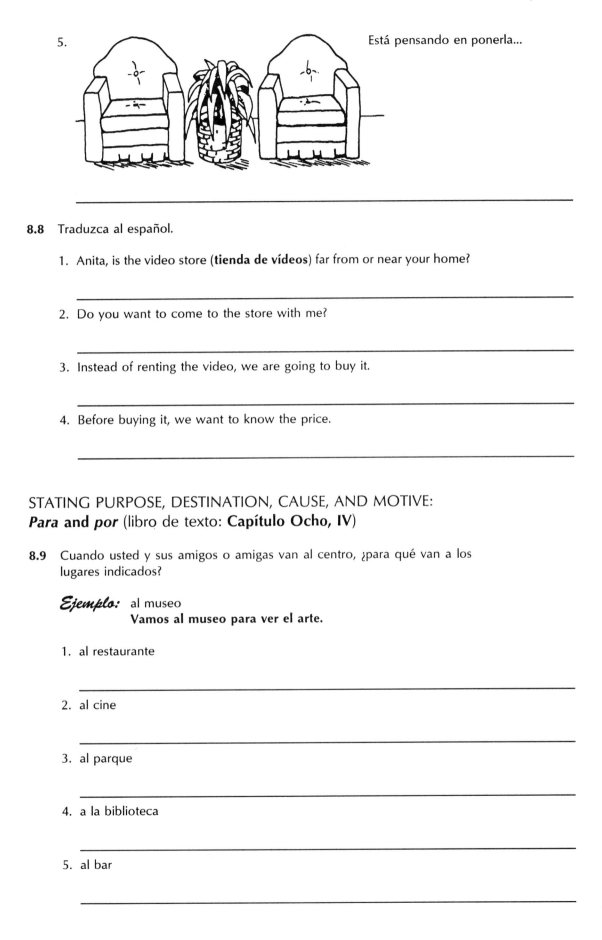   Está pensando en ponerla...

8.8 Traduzca al español.

1. Anita, is the video store (**tienda de vídeos**) far from or near your home?

---

2. Do you want to come to the store with me?

---

3. Instead of renting the video, we are going to buy it.

---

4. Before buying it, we want to know the price.

STATING PURPOSE, DESTINATION, CAUSE, AND MOTIVE:
Para **and** *por* (libro de texto: **Capítulo Ocho, IV**)

8.9 Cuando usted y sus amigos o amigas van al centro, ¿para qué van a los lugares indicados?

Ejemplo: al museo
Vamos al museo para ver el arte.

1. al restaurante

---

2. al cine

---

3. al parque

---

4. a la biblioteca

---

5. al bar

8.10 Leti va de compras esta tarde y tiene su lista.

Primero, indique por qué ella va a cada tienda. Después, indique para quién compra las comidas especiales.

1. Va a la tortillería.

   Va a la tortillería por tortillas. Las tortillas son para la tía Elisa.

2. Va a la pastelería.

   _____

   _____

3. Va a la chocolatería.

   _____

   _____

4. Va a la frutería.

   _____

   _____

5. Va a la lechería.

   _____

   _____

Cuando Leti volvió a casa, ¿qué le dijo cada persona?

6. La tía Elisa le dijo: **"Gracias por las tortillas."**

7. La vecina _____

8. Óscar _____

9. La abuela _____

10. Mamá _____

8.11 Complete las oraciones para narrar lo que hizo Tomás. Use **por** o **para**.

1. Elena, la novia de Tomás, estuvo en el hospital _____ una semana.

2. Tomás fue al hospital _____ visitarla.

3. A ella le gusta leer y necesita más libros. Tomás fue a la librería _____ ella.

4. También fue a una chocolatería _____ chocolates.

5. Compró los chocolates _____ cinco dólares.

6. Después, Tomás volvió al hospital y dijo: "Elena, tengo tres libros nuevos y chocolates _____ ti."

7. A las ocho de la noche Tomás salió del hospital. Salió _____ su casa.

8. Caminando, pasó _____ un parque muy bonito.

9. Al llegar a casa, preparó algo _____ comer.

10. Después miró la televisión _____ una hora y leyó un libro que tenía que terminar _____ el lunes.

REPASO GENERAL (libro de texto: **Capítulo Ocho**)

8.12 Conteste en oraciones completas.

1. Cuando usted era niño(a), ¿qué hacía cuando estaba solo(a) en la casa?

_____

2. Cuando usted era niño(a), ¿qué hacía durante las vacaciones?

_____

3. Cuando usted estaba en la escuela secundaria, ¿qué hacía usted en vez de estudiar?

_____

4. En la fiesta, ¿qué hacían ustedes cuando sus padres volvieron?

_____

5. En la clase de español, ¿qué hacían usted y sus amigos cuando su profesor(a) entró?

_____

6. Después de la clase, ¿para qué fueron usted y sus amigos al centro estudiantil?

_____

8.13 Una escena nostálgica

Describa el escenario (las personas, lo que hacían, el tiempo, etc.).

_____

_____

_____

_____

_____

_____

_____

Ejercicios escritos: Capítulo Nueve

VOCABULARIO: **La vida diaria y la residencia de estudiantes**
(libro de texto: **Capítulo Nueve**)

9.1 Complete con la palabra apropiada del vocabulario.

1. El acto de ir a la cama es _____.
2. El acto de salir de la cama es _____.
3. El acto de abrir los ojos después de dormir es _____.
4. El reloj que suena por la mañana para despertarnos es el _____.
5. El acto de ponerse la ropa es _____.
6. Lo contrario de ponerse la ropa es _____ la ropa.
7. El acto de limpiarse con jabón es _____ o _____.
8. Para cepillarse los dientes se usa un _____ de _____ con _____ de dientes.
9. Para afeitarse se usa una _____ de _____ o una _____.
10. Para lavarse el pelo se usa _____ y para secarse el pelo se puede usar un _____ de pelo.
11. El acto de poner en orden el pelo es _____.
12. Lo contrario de levantarse de una silla es _____.
13. El verbo que indica estar nervioso a causa de los exámenes es _____.
14. El verbo que indica estar furioso es _____.
15. El acto de hacer comentarios negativos para indicar que usted no está contento(a) con la situación es _____.
16. El acto de ir a una fiesta, bailar, escuchar música, comer, etc., es _____.
17. El acto de salir de la universidad después de cuatro años es _____.
18. El acto de hacerse esposo y esposa es _____.
19. El acto de decir que dos personas van a casarse es _____.

TALKING ABOUT DAILY ROUTINES AND HUMAN RELATIONSHIPS: **Los verbos reflexivos** (libro de texto: **Capítulo Nueve, I**)

9.2 Indique lo que hacen o lo que hicieron las personas según las referencias.

acostarse (presente)
Generalmente...

1. (yo) _____ _____ temprano.
2. (él) _____ _____ tarde.

3. (nosotros) _____ _____ a las doce.

4. (tú) _____ _____ a la una.

5. (ustedes) _____ _____ a las diez.

despedirse (pretérito)
Esta mañana, al salir de la residencia...

6. (yo) _____ _____ de mi compañero(a) de cuarto.

7. (María) _____ _____ de mí.

8. (nosotros) _____ _____ de nuestros(as) amigos(as).

9. (tú) _____ _____ de tu compañero(a) de cuarto.

10. (ustedes) _____ _____ de nosotros.

enojarse (imperfecto)
En el pasado...

11. (yo) _____ _____ frecuentemente.

12. (él) _____ _____ fácilmente.

13. (nosotros) _____ _____ mucho.

14. (tú) _____ _____ poco.

15. (vosotros) _____ _____ constantemente.

divertirse (presente del progresivo)
En este momento...

16. (yo) _____ _____.

17. (él) _____ _____.

18. (nosotros) _____ _____.

19. (tú) _____ _____.

20. (ustedes) _____ _____.

9.3   Conteste en oraciones completas.

1. ¿A qué hora se despierta usted generalmente?

_____

2. ¿De qué se preocupa usted?

_____

3. ¿De qué se queja usted?

_____

4. ¿Se divirtió usted anoche? ¿y sus amigos?

_____

5. ¿Se siente usted bien o mal hoy?

_____

6. ¿A qué hora se levantó usted esta mañana?

_____

7. ¿Se bañó usted esta mañana? ¿Se peinó?

_____

8. ¿Necesita usted lavarse el pelo hoy?

_____

9.4 Traduzca al español.

1. She got dressed, put on her makeup and went to the movies.

_____

2. She and her friends laughed a lot.

_____

3. I am going to try to see that film tonight.

_____

4. We are going to have a good time.

_____

_____

TALKING ABOUT EACH OTHER: **El reflexivo para indicar una acción recíproca** (libro de texto: **Capítulo Nueve, II**)

9.5 Leti está enamorada de Óscar. Ella escribe en una página de su diario (_diary_) la historia de su mutuo amor. Lea la historia e indique lo que pasó.

el 14 de febrero – nos conocimos en la fiesta de Carmen
el 15 de febrero – nos encontramos en el parque
el 21 de febrero – caminamos por la Avenida Mayo y nos besamos
el 3 de mayo – cenamos en un restaurante y hablamos mucho. Nos enamoramos.
un año más tarde – ¡nos comprometimos!

1. ¿Qué pasó el 14 de febrero?

   Leti y Óscar ... _____

2. ¿Qué pasó el 15 de febrero?

_____

3. ¿Y el 21 de febrero?

_____

4. ¿Y el 3 de mayo?

_____

_____

5. ¿Y un año más tarde?

_____

_____

DESCRIBING WHAT HAS HAPPENED: **El presente perfecto**
(libro de texto: **Capítulo Nueve, III**)

9.6 Indique las cosas que han ocurrido este fin de semana.

Ejemplo: yo/vender mi motocicleta
He vendido mi motocicleta.

1. yo/limpiar el cuarto

_____

yo/asistir a un concierto

_____

2. tú/lavar el coche

_____

tú/ir al centro comercial

_____

3. Juan y José/traer su perro a la residencia

_____

Juan y José/llevar el perro al parque

_____

4. Elena/recibir un cheque

_____

Elena/comprar una bicicleta

_____

5. nosotros/escribir dos composiciones

_____

nosotros/devolver los libros a la biblioteca

_____

9.7 Los niños le dicen a Santa Claus que no han participado en las siguientes actividades.

Ejemplo: no/tomar nada
No hemos tomado nada.

1. no/hacer nada malo

_____

2. no/decir cosas malas

_____

3. no/romper nada

_____

4. no/ver nuestros regalos de Navidad

_____

5. no/abrir los regalos que están debajo del árbol

_____

6. no/poner nada en la chimenea

_____

9.8 Es la hora de salir. ¿Qué preguntas le hace la madre a la niña? ¿Qué le contesta la niña?

Ejemplo: secarte el pelo
Mamá: ¿Te has secado el pelo?
Hija: Sí, ya me he secado el pelo.

1. lavarte la cara

Mamá: _____

Hija: _____

2. cepillarte los dientes

Mamá: _____

Hija: _____

3. peinarte

Mamá: _____

Hija: _____

4. vestirte

Mamá: _____

Hija: _____

5. ponerte los zapatos nuevos

Mamá: _____

Hija: _____

9.9 Traduzca al español.

1. Pepe, have you heard? Susana's dog has died.

_____

2. No. Have you talked with her?

_____

3. We haven't seen her.

_____

4. She hasn't returned yet.

_____

5. Her neighbors say that she has gone to Chicago.

_____

DESCRIBING WHAT HAD HAPPENED: **El pasado perfecto** (libro de texto: **Capítulo Nueve, IV**)

9.10 Las personas **dijeron** que nunca **habían hecho** la actividad indicada.

Ejemplo: Carlos/decir/nunca ir a Europa
          Carlos dijo que nunca había ido a Europa.

1. Mis amigos/decir/nunca viajar a España

_____

2. Nosotros/decir/nunca ver La Alhambra

_____

3. Carmen/decir/nunca comer una paella

_____

4. Tú/decir/nunca dormir en un palacio medieval

_____

5. Yo/decir/nunca ir a una corrida de toros

_____

REPASO GENERAL (libro de texto: **Capítulo Nueve**)

9.11 Conteste en oraciones completas.

1. ¿Qué hace usted por la mañana al levantarse? (verbos reflexivos)

_____

_____

2. ¿Qué hizo usted anoche antes de acostarse? (verbos reflexivos)

_____

_____

3. En una "historia de amor" ideal, ¿qué hacen el novio y la novia?

_____

_____

4. ¿Qué cosas interesantes o divertidas ha hecho usted recientemente?

_____

_____

9.12 Linda y Manuel

Describa usted dónde y cómo se conocieron, sus sentimientos, y su posible futuro.

_____

_____

_____

_____

_____

Linda y Manuel

Ejercicios escritos: Capítulo Diez

VOCABULARIO: **La estación de servicio y la carretera** (libro de texto: **Capítulo Diez**)

10.1 Complete con la palabra apropiada del vocabulario.

1. Cuando mi coche necesita gasolina, voy a la _____ de _____.

2. Tengo que _____ el tanque.

3. El empleado o la empleada en la estación de servicio debe _____ el aceite y limpiar el _____.

4. Si el motor o los frenos no funcionan bien, el empleado o la empleada tiene que_____ los.

5. Debe cambiar o poner aire en la _____ desinflada.

6. Antes de empezar a manejar, debo _____ el cinturón.

7. En la ciudad, la distancia entre una calle y otra calle se llama una _____.

8. En la ciudad las luces que controlan el tránsito son los _____.

9. No debemos doblar a la derecha. Debemos doblar a la _____.

10. No debemos doblar la esquina. Debemos seguir _____ o _____.

11. Cuando manejamos por el centro de la ciudad y hay mucho tránsito, debemos tener mucho _____.

12. Para cruzar un río en automóvil, tenemos que cruzar el_____.

13. ¡Hay un accidente! El _____ quiere ver mi_____ de _____.

14. Si conduzco el coche muy, muy rápido, posiblemente voy a recibir una _____.

10.2 Complete con una de las expresiones indicadas según las circunstancias. A veces hay más de una respuesta posible.

¡Caramba!   ¡Ay de mí!   ¡Qué lío!   ¡Qué lástima!   ¡Qué suerte!

1. ¡Llegué al concierto muy tarde y no pude encontrar un lugar para estacionarme!

   Dije: "¡_____!"

2. Por llegar tarde, ¡perdí la primera media hora del concierto!

   Dije: "¡_____!"

3. Al salir del concierto encontré $20.00.

   Dije: "¡_____!"

4. En la calle había mucha, mucha gente, dos accidentes y tres ambulancias.

   Dije: "¡_____!"

5. No me acordaba de dónde estacioné mi coche. ¡No podía encontrarlo!

   Dije: "¡_____!"

EXPRESSING SUBJECTIVE REACTIONS TO THE ACTIONS OF OTHERS: **El subjuntivo** (libro de texto: **Capítulo Diez, I**)

10.3 Sus padres recomiendan que **su primo Martín** haga ciertas cosas y que **usted y su hermano(a)** hagan las mismas (*same*) cosas.

> *Ejemplo:*   Mis padres recomiendan que...
> (comprar seguro de automóvil)
> ...**Martín compre seguro de automóvil.**
> ...**nosotros compremos seguro de automóvil.**

Mis padres recomiendan que...

1. (hacer el viaje)

   ...Martín _____

   ...nosotros _____

2. (llenar el tanque)

   ...Martín _____

   ...nosotros _____

3. (revisar las llantas)

   ...Martín _____

   ...nosotros _____

4. (reparar los frenos)

   ...Martín _____

   ...nosotros _____

5. (tener cuidado)

   ...Martín _____

   ...nosotros _____

6. (salir temprano)

   ...Martín _____

   ...nosotros _____

7. (manejar despacio)

...Martín _____

...nosotros _____

8. (ir a la costa)

...Martín _____

...nosotros _____

9. (pedir las direcciones)

...Martín _____

...nosotros _____

10. (seguir sus instrucciones)

...Martín _____

...nosotros _____

11. (pensar en ellos)

...Martín _____

...nosotros _____

12. (volver pronto)

...Martín _____

...nosotros _____

EXPRESSING WISHES AND REQUESTS RELEVANT TO THE ACTIONS OF OTHERS: **El subjuntivo en mandatos indirectos** (libro de texto: **Capítulo Diez, II**)

10.4 Exprese cómo las personas tratan de influenciar las acciones de otros.

Ejemplo: yo/querer/él/hacerlo
Yo quiero que él lo haga.

1. él/querer/tú/abrocharte el cinturón

_____

2. yo/preferir/ella/estacionarse aquí

_____

3. nosotros/pedirles/ellos/pararse en la esquina

_____

4. ¿tú/sugerir/ellos/ayudarte?

_____

5. ella/insistir en/nosotros/darnos prisa

_____

6. yo/desear/ellos/venir con nosotros

_____

10.5 Leti deja (_leaves_) notitas (_notes_) en las puertas de las siguientes personas: su novio Óscar, su compañera de cuarto Anita, y sus amigas Tere y Mónica. Conteste las preguntas según la información en las notitas.

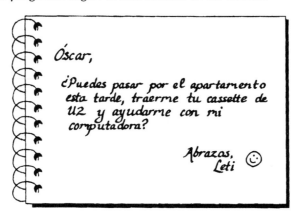

Óscar,

¿Puedes pasar por el apartamento esta tarde, traerme tu cassette de U2 y ayudarme con mi computadora?

Abrazos,
Leti ☺

Anita,
Si tienes tiempo esta tarde, favor de
· llamar a David
· comprar champú en la farmacia
· pedir una pizza para la cena
Leti

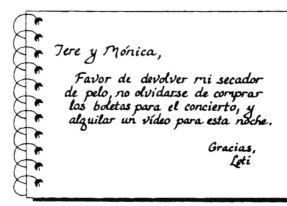

Tere y Mónica,

Favor de devolver mi secador de pelo, no olvidarse de comprar los boletos para el concierto, y alquilar un vídeo para esta noche.

Gracias,
Leti

1. ¿Qué quiere Leti que haga Óscar?

Quiere que pase por el apartamento esta tarde.

_____

_____

2. ¿Qué sugiere Leti que haga Anita?

_____

_____

_____

3. ¿Qué les pide Leti a Tere y Mónica?

_____

_____

_____

10.6 Traduzca al español.

1. Does he want us to call the policeman?

_____

2. Sir, he insists that you show him your driver's license.

_____

3. They recommend that we cross the border now.

_____

4. I suggest that we wait.

_____

EXPRESSING EMOTIONAL REACTIONS AND FEELINGS ABOUT THE ACTIONS OF OTHERS: **El subjuntivo con expresiones de emoción** (libro de texto: **Capítulo Diez, III**)

10.7 Leti está contenta y escribe sus sentimientos. ¿De qué se alegra ella?

> Me siento contenta hoy porque....
> hace buen tiempo,
> Jessica llega mañana,
> mis padres me mandan un cheque,
> las vacaciones empiezan el viernes, y
> ¡Óscar y yo vamos a la playa!

1. <u>Leti se alegra de que...</u> _____
2. _____
3. _____
4. _____
5. _____

10.8 Indique su reacción a la siguiente información.

> *Ejemplo:* Mi abuela no viene a la reunión.
> (sentir) **Siento que no venga a la reunión.**

1. Mi abuela está muy enferma.

   (sentir) _____

2. Tiene fiebre.

   (temer) _____

3. Ella no quiere ir al médico.

   (molestarme) _____

4. ¿Puede ella hablar con el médico hoy?

   (esperar) _____

GIVING DIRECT ORDERS AND INSTRUCTIONS TO OTHERS:
Los mandatos *usted* y *ustedes* (libro de texto: **Capítulo 10, IV**)

10.9 Los profesores y los estudiantes se dan mandatos. ¿Qué mandatos le da usted a su profesor(a) de español?

> *Ejemplo:* abrir la ventana
> **Abra la ventana, por favor.**

1. hablar más despacio

   _____

2. escribir las respuestas en la pizarra

   _____

3. traducir las oraciones

   _____

4. repetir las preguntas

   _____

5. cerrar la puerta

   _____

6. leer en voz alta

   _____

7. no darnos exámenes difíciles

   _____

¿Y qué mandatos les da el (la) profesor(a) a ustedes?

> *Ejemplo:* estudiar el vocabulario
> **Estudien el vocabulario.**

8. hacer la tarea

_____

9. venir a la clase a tiempo

_____

10. aprender los verbos

_____

11. contestar las preguntas

_____

12. ir a la pizarra

_____

13. sentarse, por favor

_____

14. callarse, por favor

_____

10.10 Su coche necesita mucha atención. Hoy, al llegar a la estación de servicio, dígale al empleado que haga las cosas indicadas.

Ejemplo: las llantas/cambiar
Cámbielas, por favor.

1. el aceite/cambiar _____
2. el tanque/llenar _____
3. el motor/arreglar _____
4. los frenos/revisar _____
5. el parabrisas/limpiar _____
6. la tarjeta de crédito/devolverme _____

Y en otra ocasión, usted tiene mucha prisa y le dice al empleado que no haga las siguientes cosas.

Ejemplo: el limpiaparabrisas/reparar
No lo repare.

7. el aceite/revisar _____
8. las ventanas/limpiar _____
9. la llanta/cambiar _____
10. el recibo (*receipt*)/traerme _____

10.11 Traduzca las direcciones al español.

1. Continue (**usted**) straight ahead four blocks.

_____

2. Turn to the right at the corner of Juárez and Morelos.

_____

3. Cross the bridge.

_____

4. Turn to the left at the stop light.

_____

5. Park in front of the library.

_____

GIVING ORDERS AND SUGGESTIONS TO A GROUP IN WHICH YOU ARE INCLUDED: **Los mandatos** *nosotros* (libro de texto: **Capítulo Diez, V**)

10.12   Es viernes por la noche. Indique lo que usted y sus amigos quieren hacer. Use las referencias indicadas y el mandato **nosotros**.

NOSOTROS (*Let's*)

1. **salir** a las ocho _____
2. **comer** una pizza _____
3. **ir** a la discoteca _____
4. **bailar** hasta la medianoche _____
5. **caminar** por el centro _____
6. **volver** a la residencia en taxi _____

10.13   Indique las cosas que usted y su amigo(a) quieren hacer antes de salir. Use el mandato **nosotros**.

Ejemplo: sentarse
            Sentémonos.

1. levantarse _____
2. lavarse _____
3. peinarse _____
4. vestirse _____
5. ponerse los suéteres nuevos _____
6. irse _____
7. divertirse _____

REPASO GENERAL (libro de texto: **Capítulo Diez**)

10.14   Conteste en oraciones completas.

1. ¿Qué quiere usted que hagan sus padres?

_____

2. Usted está en la estación de servicio. ¿Qué le pide usted al empleado
   que haga?

   _____

3. ¿Qué espera usted que haga su compañero(a) de cuarto?

   _____

4. ¿Qué instrucciones quiere usted darle a su profesor(a) de español? (Use
   el mandato **usted**)

   _____

5. ¿Qué actividades quiere usted sugerir para usted y sus amigos? (Use el
   mandato **nosotros**)

   _____

10.15   Martín y Javier

Martín y Javier han trabajado todo el fin de semana y han ganado mucho dinero.
Indique su reacción personal y sus recomendaciones respecto a lo que deben
hacer con el dinero.

Use: **alegrarse de, esperar, recomendar, sugerir, pedirles**

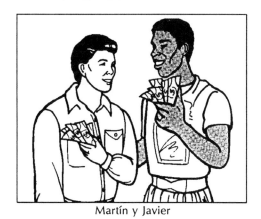

Martín y Javier

_____

_____

_____

_____

_____

_____

_____

Ejercicios escritos: Capítulo Once

VOCABULARIO: **En el aeropuerto** (libro de texto: **Capítulo Once**)

11.1 Complete con la palabra apropiada del vocabulario.

1. Para hacer un viaje en avión, vamos al _____.
2. Iberia, United, Air France, etc., son los nombres de _____ _____.
3. Para ir en avión, es necesario hacer reservaciones en una _____ de _____.
4. Es necesario saber las horas de llegada y salida y el número del _____.
5. Antes de subir al avión tenemos que _____ el equipaje.
6. Para poder subir al avión es necesario tener una _____ de _____.
7. La persona que maneja el avión es el _____.
8. La mujer que ayuda o sirve a los pasajeros es la _____, y el hombre que ayuda o sirve a los pasajeros es el _____ de _____.
9. Cuando estamos en el avión, es necesario sentarnos en el _____ y abrocharnos el _____.
10. Cuando el avión aterriza y bajamos del avión, vamos a la sala de _____ de equipaje para _____ nuestras maletas.
11. Si acabamos de llegar a otro país, tenemos que pasar por la _____ antes de salir del aeropuerto.
12. Allí tenemos que mostrarles a los oficiales nuestros_____.
13. Al llegar a un país como visitantes, frecuentemente queremos _____ fotos de todo lo que vemos. Es buena idea traer muchos _____ de _____.

EXPRESSING DOUBT, UNCERTAINTY, OR DISBELIEF: **El subjuntivo con expresiones de duda e incredulidad** (libro de texto: **Capítulo Once, I**)

11.2 Exprese sus reacciones (dudas, etc.) a las circunstancias indicadas. Conteste las preguntas usando el subjuntivo o el indicativo según las indicaciones.

Ejemplo: ¿Salimos pronto?
Dudo que... **salgamos pronto.**
¿Las azafatas hablan inglés?
Estoy seguro(a) que...**hablan inglés.**

1. ¿Hay una demora?

   No puedo creer que... _____

2. ¿Muestran películas en el vuelo?

   Dudo que... _____

3. ¿El equipaje siempre llega a su destino?

   No estoy seguro(a) de que... _____

4. ¿Sirven la cena en el avión?

   No creo que... _____

5. ¿El vuelo va directamente a Lima?

   Dudo que... _____

6. ¿Tiene la línea aérea buenos pilotos?

   Creo (no dudo) que... _____

7. ¿Confirmamos nuestros vuelos?

   Estoy seguro(a) que... _____

USING IMPERSONAL EXPRESSIONS TO STATE RECOMMENDATIONS, EMOTIONAL REACTIONS, AND DOUBTS: El subjuntivo con expresiones impersonales (libro de texto: Capítulo Once, II)

11.3 Indique su reacción a las circunstancias indicadas. Use la expresión impersonal que sea la más apropiada.

**Es bueno..., Es improbable..., Es extraño...,
Es urgente..., Es importante..., Es ridículo...**

Ejemplo: No hay azafatas en este vuelo.
Es ridículo que no haya azafatas en el vuelo.

1. Estoy muy contento(a). El vuelo sale en diez minutos.

   _____

2. Pero... ¿dónde están mis amigos? No están aquí.

   _____

3. ¡Alguien me dijo que llegan en dos minutos!

   _____

4. Me traen la maleta que dejé (*I left*) en casa.

   _____

5. ¿Pueden subir al avión para dármela?

   _____

11.4 Traduzca al español

1. It is a shame that she doesn't have a passport.

_____

2. It is impossible for her to get (*that she get*) one before the trip.

_____

3. It is better for her not to (*that she not*) take the trip this year.

_____

EXPRESSING REACTIONS RELEVANT TO RECENT EVENTS:
El presente perfecto de subjuntivo (libro de texto: **Capítulo Once, III**)

11.5 Vamos a hacer un viaje a México con nuestra clase de español, y salimos hoy. ¿Qué espera la profesora que hayamos hecho?

Ejemplo: nosotros/levantarnos temprano
Espera que nos hayamos levantado temprano.

1. nosotros/hacer las maletas

   Espera que ... _____
2. Rubén/confirmar los vuelos

_____

3. tú/reservar los asientos en el avión

_____

4. yo/recoger las etiquetas de identificación

_____

5. vosotros/conseguir las tarjetas de embarque

_____

6. Esteban y Alfonso/no olvidarse de traer sus pasaportes

_____

7. nosotros/despedirnos de nuestros amigos

_____

11.6 Traduzca al español.

1. Sir, it is a shame that you have lost your luggage.

_____

2. I doubt that they have found it.

_____

3. I am not sure that they have received the suitcases from the plane.

_____

4. I am glad that the airline has tried to help you.

_____

VOCABULARIO: **La estación de ferrocarril** (libro de texto: **Capítulo Once**)

11.7 Complete con la palabra apropiada del vocabulario.

1. Cuando queremos viajar en tren, vamos a la _____ de _____.

2. Cuando queremos comprar un boleto, vamos a la _____.

3. Cuando queremos ir y volver, compramos un boleto de _____ y _____.

4. Hay boletos de _____ clase y de _____ clase.

5. El hombre en la estación de ferrocarril que nos ayuda con las maletas es el _____.

6. Le pagamos una _____ cuando nos ayuda.

7. Antes de ir al andén debemos ir al _____ para lavarnos las manos.

GIVING ORDERS AND ADVICE TO FAMILY AND FRIENDS: **Los mandatos _tú_** (libro de texto: **Capítulo Once, IV**)

11.8 Usted habla con su compañero(a) de cuarto. Es necesario decirle lo que debe hacer. Use los mandatos **tú** afirmativos.

1. limpiar el cuarto _____
2. apagar la radio _____
3. acostarte más temprano _____
4. devolverme mis cosas _____
5. beber menos cerveza _____
6. leer más libros _____
7. poner la ropa en el ropero _____
8. hacer la tarea _____
9. decirme la verdad _____
10. ir a las clases _____
11. ser bueno(a) _____
12. venir aquí _____
13. tener paciencia conmigo _____
14. salir _____

11.9 Óscar va a pasar unas horas en el apartamento de Leti esta tarde antes de que ella y su compañera de cuarto vuelvan. Ella le escribe una notita.

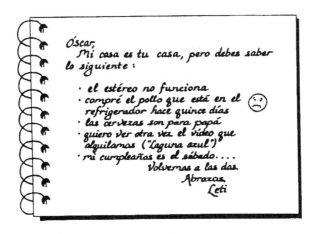

Según la información en la notita, ¿qué mandatos implica Leti?

1. respecto al estéreo **No lo uses.** _____

2. respecto al pollo _____

3. respecto a las cervezas _____

4. respecto al vídeo _____

5. respecto a su cumpleaños _____

11.10 Indíquele a su hermano(a) menor: (a) lo que debe hacer, y (b) lo que no debe hacer según las referencias.

Ejemplo: usar la computadora/no la máquina de escribir
Usa la computadora.
No uses la máquina de escribir.

1. decir la verdad/no mentiras

_____

_____

2. ir al parque/no al centro

_____

_____

3. volver temprano/no tarde

_____

_____

4. ser bueno(a)/no malo(a)

_____

_____

5. poner tus cosas aquí/no allí

_____

_____

6. hacerlo hoy/no mañana

_____

_____

7. tener paciencia/no prisa

_____

_____

REPASO GENERAL (libro de texto: **Capítulo Once**)

11.11 Conteste en oraciones completas.

1. ¿Qué duda usted que hagan sus amigos?

_____

2. Es urgente que su compañero(a) de cuarto haga ciertas cosas. ¿Qué cosas?

_____

_____

3. Es importante que sus padres hagan ciertas cosas. ¿Qué cosas?

_____

_____

4. Para el año 2000, ¿qué esperan sus padres que usted haya hecho?

_____

_____

5. ¿Qué instrucciones desea usted darle a su hermano(a)? (mandatos **tú** afirmativo)

_____

_____

6. ¿Qué desea usted que su hermano(a) no haga? (mandatos **tú** negativo)

_____

_____

11.12 Esteban y su despertador

(a) Describa la situación en que se encuentra Esteban y (b) indique sus reacciones/sentimientos respecto a la situación usando las expresiones que siguen.

Es urgente..., Es posible..., Es una lástima..., Dudo..., etc.

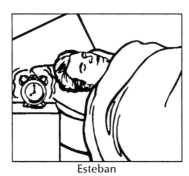

Esteban

_____

_____

_____

_____

_____

_____

_____

Ejercicios escritos: Capítulo Doce

VOCABULARIO: **En el hotel** (libro de texto: **Capítulo Doce**)

12.1 Complete con la palabra apropiada del vocabulario.

1. Cuando queremos pasar la noche en una ciudad, vamos a un _____ donde buscamos un cuarto o una _____.

2. Al llegar allí vamos directamente a la _____ que está en el vestíbulo.

3. El acto de dar el nombre, dirección, etc., al recepcionista es _____.

4. Para abrir la puerta, el recepcionista nos da la _____.

5. Cuando tenemos mucho equipaje, le pedimos al _____ que lo lleve a la habitación.

6. La habitación no está en la planta baja; tenemos que usar el _____ para subir a nuestro piso.

7. De la planta baja subimos al primer piso, después al _____ piso, al tercer piso, al _____ piso, al quinto piso, al _____ piso, al séptimo piso, al _____ piso, al noveno piso, y por fin, al _____ piso.

8. La habitación es buena porque tiene el _____ _____ en caso de que haga calor y la _____ en caso de que haga frío.

9. La cama tiene _____ limpias, una _____ (para la cabeza) y una _____ para cuando hace frío.

10. La _____ viene para limpiar el cuarto.

11. Si tenemos hambre y no queremos salir del cuarto podemos pedir _____ de _____.

12. El hotel tiene una _____ donde podemos nadar.

13. Al salir del hotel pagamos la _____ y generalmente recibimos un _____.

REFERRING TO INDEFINITE AND NONEXISTENT PERSONS AND THINGS: **Más palabras afirmativas y negativas** (libro de texto: **Capítulo Doce, I**)

12.2 Usted está en un hotel. Indique lo que **algunas** de las personas en el hotel hacen, y lo que **ninguna** persona hace.

Ejemplo: recepcionistas—aceptar cheques de viajero/aceptar efectivo
Algunos recepcionistas aceptan cheques de viajero.
Ninguno acepta efectivo.

1. porteros—llevar uniforme/llevar gafas de sol

   _____

   _____

2. botones—recibir propinas grandes/recibir propinas pequeñas

   _____

   _____

3. criadas—dejar chocolates en las habitaciones/dejar botellas de vino

   _____

   _____

4. huéspedes—quedarse todo el fin de semana/quedarse toda la semana

   _____

   _____

12.3 Usted y su amigo(a) están en un hotel. Indique que usted **no** hizo las cosas
indicadas y que su amigo(a) no las hizo **tampoco**.

Ejemplo: no hablar con la criada
　　　　　　Yo **no hablé con la criada.**
　　　　　　Mi amigo(a) **no habló con la criada tampoco.**

1. no nadar en la piscina

   Yo _____

   Mi amigo(a) _____

2. no dejar las cosas en la habitación

   Yo _____

   Mi amigo(a) _____

3. no pedir servicio de cuartos

   Yo _____

   Mi amigo(a) _____

4. no recoger el equipaje

   Yo _____

   Mi amigo(a) _____

5. no darle una propina al botones

   Yo _____

   Mi amigo(a) _____

12.4 Traduzca al español.

1. Someday we are going to get a room in that hotel.

_____

2. Tonight there isn't a room in any hotel.

_____

3. Neither the doorman nor the receptionist can help us.

_____

4. We have to either return home or sleep in the car.

_____

MORE WAYS TO TALK ABOUT INDEFINITE OR NON-EXISTENT PERSONS OR THINGS: El subjuntivo con referencia a lo que es indefinido o inexistente (libro de texto: Capítulo Doce, II)

12.5 Usted, huésped en un hotel, tiene varias preguntas. Recibe respuestas contradictorias de las personas que le contestan. Complete con la forma correcta del verbo usando el subjuntivo o el indicativo según las referencias.

1. (entender)

   Huésped: ¿Hay algún recepcionista aquí que _____ el inglés?

   Respuesta #1: No, no hay ninguno que lo _____.

   Respuesta #2: ¡Sí! Hay uno que lo _____.

2. (poder)

   Huésped: ¿Hay alguien aquí que _____ cambiar cheques de viajero?

   Respuesta #1: No, en este momento no hay nadie aquí que _____ cambiarlos.

   Respuesta #2: ¡Sí! Una de las recepcionistas dice que _____ cambiarlos.

3. (vender)

   Huésped: ¿Hay una tienda cerca de aquí que _____ rollos de película?

   Respuesta #1: No, no hay ninguna cerca de aquí que los _____.

   Respuesta #2: ¡Sí! Hay una tienda que los _____. Es la farmacia en la esquina.

4. (servir)

Huésped: ¿Conocen ustedes algún restaurante que _____ comida japonesa?

Respuesta #1: No, no hay ninguno que _____ comida japonesa.

Respuesta #2: ¡Sí! Conozco uno que _____ comida japonesa. Se llama "Kabuto".

12.6 Traduzca al español.

1. We are looking for a room that has air conditioning.

_____

2. Is there a room that costs less than (**menos de**) $40?

_____

3. There is one that costs $30, but it doesn't have a private bath.

_____

4. Wait! We found a hotel that has everything we are looking for!

_____

COMPARING PEOPLE OR THINGS THAT HAVE THE SAME QUALITIES OR QUANTITIES: Comparaciones de igualdad (libro de texto: Capítulo Doce, III)

12.7 Para hacer una comparación igual, escriba una oración a base de las dos declaraciones.

Ejemplo: El recepcionista es amable.
El portero es amable también.
El recepcionista es tan amable como el portero.

1. El vestíbulo es grande. La sala de conferencias es grande también.

_____

2. El restaurante "El Capitán" es elegante. El restaurante "El Jardín" es elegante también.

_____

3. La vista del lago es impresionante. La vista de las montañas es impresionante también.

_____

4. La piscina es nueva. La cancha de tenis es nueva también.

_____

12.8 Usted y su amigo(a) hacen un viaje. Haga una comparación entre las cosas que ustedes trajeron.

Ejemplo: cheques de viajero
Traje tantos cheques de viajero como él/ella.

1. rollos de película

_____

2. dinero

_____

3. ropa

_____

4. camisetas

_____

COMPARING THINGS THAT HAVE UNEQUAL QUALITIES OR QUANTITIES: **Comparaciones de desigualdad** (libro de texto: **Capítulo Doce, IV**)

12.9 Usted está visitando una ciudad. Haga comparaciones desiguales entre los lugares indicados.

Ejemplo: (grande) la Plaza del Norte/la Plaza del Sur
La Plaza del Norte es más grande que la Plaza del Sur.

1. (alta) la estatua de San Martín/la estatua de Bolívar

_____

2. (larga) la Avenida Calí/la Calle Tres

_____

3. (antigua) la catedral/la iglesia San Esteban

_____

4. (interesante) el museo de arte/el museo de historia

_____

5. (caro) el restaurante "El Cid"/el restaurante "El Patio"

_____

12.10 Leti ha viajado por todo el país de México pero el lugar que le encanta más es la Península de Yucatán. Le escribe a Óscar indicándole todas las cosas que le fascinan a ella.

Querido Óscar,
    Aquí hay lo mejor de México. Las ruinas son muy impresionantes; 🔺 la gente yucateca es tan simpática; la comida es deliciosa; 🍲 el clima es muy agradable; ☀ ¡y las playas son increíblemente bonitas!
🌴
                Hasta pronto,
                Leti

YUCATÁN

Óscar Cortés
6113 Alta Vista Dr.
Santa Fe, New Mexico
                43236
    E. E. U. U.

MÉXICO

Según lo que dice Leti, indique las cosas que son las mejores, etc. del país.

1. (las ruinas)

   Las ruinas son las más impresionantes del país.

2. (la gente yucateca)

   _____

3. (la comida)

   _____

4. (el clima)

   _____

5. (las playas)

   _____

12.11 Traduzca al español.

   1. Is this the best hotel in the city?

      _____

   2. The rooms in this hotel are better than the rooms in that one.

      _____

   3. No, they are worse.

      _____

   4. And they cost more than $50 per night.

      _____

   5. Miguel, does your brother travel as much as you (do)?

      _____

   6. No. He travels less than I (do).

      _____

REPASO GENERAL (libro de texto: **Capítulo Doce**)

12.12 Conteste en oraciones completas.

1. Cuando usted viaja a otra ciudad u otro país, ¿qué tipo de hotel busca usted?

   Busco un hotel que... _____

   _____

2. ¿Conoce usted a algunos estudiantes que hayan estudiado en otro país?

   _____

   _____

3. ¿Tiene usted algún amigo que sea tan inteligente como Einstein?

   _____

   _____

4. ¿Estudia usted más o menos que su compañero(a) de cuarto?

   _____

   _____

5. ¿Toma usted tantas clases como su compañero(a) de cuarto?

   _____

   _____

6. En su opinión, ¿quién es el (la) mejor estudiante de la clase?

   _____

   _____

12.13 El Hotel Rey

Primero, describa la escena y haga comparaciones iguales y desiguales de las cosas, personas, etc. que usted ve allí. Después, indique qué tipo de habitación busca la mujer.

Ejercicios escritos: Capítulo Trece

VOCABULARIO: **La comunicación—el correo y las llamadas telefónicas** (libro de texto: **Capítulo Trece**)

13.1 Complete con la palabra apropiada del vocabulario del correo.

1. Voy a la _____ de _____ para enviar una carta a España.
2. Antes de poder mandar la carta, tengo que comprar y poner un _____ en el sobre.
3. También tengo que escribir la _____ en el sobre.
4. Para que la carta llegue rápido, debo mandarla por_____ _____.
5. Debo echar la carta en el _____.
6. Hoy recibí una _____ postal de mi amiga que está en México.
7. También recibí un _____ de comida en el correo.
8. Voy a mandarle un paquete muy grande. Debo _____ lo en la escala.
9. Es buena idea pagar un poco extra para _____ el paquete en caso de que se pierda.

13.2 Complete con la palabra apropiada del vocabulario de las llamadas telefónicas.

1. Cuando queremos hacer una llamada y no tenemos el número, lo buscamos en la _____ _____.
2. Cuando necesitamos ayuda con una llamada de larga distancia, hablamos con el _____ o la _____.
3. Cuando queremos que la otra persona pague la llamada, la hacemos a _____ _____.
4. Nos ponemos impacientes cuando la línea está _____.
5. En cinco minutos vamos a _____ el número otra vez.
6. Si queremos recibir recados de las personas que nos llaman, debemos tener un _____ automático.

EXPRESSING PURPOSE AND CONDITIONS: **El subjuntivo después de conjunciones de finalidad y de condición** (libro de texto: **Capítulo Trece, I**)

13.3 Complete el blanco con la expresión apropiada.

con tal que, para que, en caso de que, a menos que

1. Vamos a llamar a nuestra abuela _____ sepa dónde estamos.
2. No vamos a hablar con la operadora _____ tengamos un problema.
3. Vamos a dejar que el teléfono suene muchas veces _____ la abuela no lo oiga.
4. Vamos a hablar con nuestros padres también, _____ esten allí.

13.4 Traduzca al español.

1. Susana, I am going to send you a postcard so that you can see the pretty beaches.

   _____

   _____

2. I am not going to call you unless there is an emergency (**una emergencia**).

   _____

   _____

3. I am going to send you a present provided that I find something special (**especial**).

   _____

   _____

4. I am going to insure the package in case they lose it.

   _____

   _____

TALKING ABOUT WHAT WILL HAPPEN: **El futuro** (libro de texto: **Capítulo Trece, II**)

13.5 Usted le hace preguntas a su amigo(a) para saber si él/ella **hará** ciertas cosas este verano. Él/ella contesta que sí.

Ejemplo: estudiar el español
   (pregunta) **¿Estudiarás el español?**
   (respuesta) **Sí, estudiaré el español.**

1. ir a la escuela de verano

   (pregunta) _____

   (respuesta) _____
2. trabajar también

   (pregunta) _____

   (respuesta) _____

3. ganar mucho dinero

(pregunta) _____

(respuesta) _____

4. comprar un coche

(pregunta) _____

(respuesta) _____

5. volver a la universidad

(pregunta) _____

(respuesta) _____

13.6 Sus amigos les hacen preguntas a usted y a su compañero(a) de cuarto para saber si ustedes **harán** ciertas cosas el próximo fin de semana. Ustedes contestan que sí.

Ejemplo: ir al centro
(pregunta) **¿Irán ustedes al centro?**
(respuesta) **Sí, iremos al centro.**

1. hacer ejercicios en el gimnasio

(pregunta) _____

(respuesta) _____

2. salir de la universidad

(pregunta) _____

(respuesta) _____

3. tener que trabajar

(pregunta) _____

(respuesta) _____

4. venir a la fiesta en el apartamento

(pregunta) _____

(respuesta) _____

5. poder traer comida y bebidas

(pregunta) _____

(respuesta) _____

13.7 Indique lo que usted hará en el futuro. Escriba oraciones completas usando los verbos indicados.

1. salir de_____

2. ir _____

3. viajar _____

4. casarme _____

5. tener _____

6. vivir _____

TALKING ABOUT PENDING ACTIONS: **El subjuntivo después de conjunciones temporales** (libro de texto: **Capítulo Trece, III**)

13.8 Indique cuándo las acciones ocurrirán o cuándo ocurrieron. Use el subjuntivo o el indicativo según las referencias.

1. Iremos a la casa de correos tan pronto como se _____ (abrir).

   Fuimos a la casa de correos tan pronto como se _____ (abrir).

2. Esperaremos hasta que el cartero _____ (encontrar) el paquete.

   Esperamos allí hasta que el cartero _____ (encontrar) el paquete.

3. Vamos a abrir el paquete cuando mamá _____ (volver) a casa.

   Abrimos el paquete cuando mamá _____ (volver) a casa.

4. Vamos a llamarlos después de que el paquete _____ (llegar).

   Los llamamos después de que el paquete _____ (llegar).

13.9 Traduzca al español.

1. Teresa, sign the check before sending it!

   _____

2. Pay the bill before they call us.

   _____

3. Don't say anything until we find out (*know*) what happened.

   _____

4. When they receive the letter, they will understand.

   _____

13.10 Leti tiene algunas preguntas para Óscar. Le deja una notita en la puerta de su apartamento.

Óscar,
¿Cuándo vas a llamarme?
¿Cuándo vas a visitarme?
¿Cuándo vas a ayudarme con el proyecto?
¿Cuándo vas a llevarme al cine?
¿Cuándo vas a mandarme más flores?
Leti

¿Qué le contesta Óscar?

1. (poder)

   Voy a llamarte cuando pueda. _____

2. (tener más tiempo)

   _____

3. (terminar el mío)

   _____

4. (reparar mi coche)

   _____

4. (ser tu cumpleaños)

   _____

WRITING BUSINESS AND PERSONAL LETTERS: Las cartas de negocios y las personales (libro de texto: Capítulo Trece, IV)

13.11 Indique los saludos y las despedidas apropiadas.

1. Usted desea escribirle una carta de negocios a la señora Montoya. ¿Qué saludo debe usted usar?

   (a) Querida Señora: (b) Distinguida amiga:

   (c) Estimada Señora: (d) Querida amiga:

   _____

2. Al terminar la carta, ¿qué despedida debe usted usar?

   (a) Hasta pronto,   (b) Con mucho cariño,

   (c) Atentamente,   (d) Abrazos,

   _____

3. Usted desea escribirle una carta a su amiga Anita. ¿Qué saludo debe usted usar?

   (a) Querida señorita: (b) Distinguida amiga:

   (c) Estimada señorita: (d) Querida amiga:

   _____

4. Al terminar la carta, ¿qué despedida debe usted usar?

   (a) Con mucho cariño,   (b) Atentamente

   (c) Queda de usted su atento(a) servidor(a)

   _____

REPASO GENERAL (libro de texto: **Capítulo Trece**)

13.12 Conteste en oraciones completas.

1. ¿Para qué trabajan tanto sus padres?

   Trabajan para que yo... _____

   _____

2. ¿Qué debe hacer usted antes de que llegue su madre a la universidad?

   _____

   _____

3. ¿Qué hará usted tan pronto como empiecen las vacaciones de verano?

   _____

   _____

4. ¿Qué hará usted después de graduarse?

   _____

   _____

13.13 Elena y Elisa hablan por teléfono

La tía Elisa visitará a Elena en dos semanas. Escriba la conversación telefónica
que tienen ellas.

Elena

Elena: **Tía Elisa, tan pronto como...** _____

_____

Tía Elisa: _____

Elena: _____

Tía Elisa: _____

Elena: _____

Tía Elisa: _____

Elena: _____

Ejercicios escritos: Capítulo Catorce

VOCABULARIO: **El mundo de hoy** (libro de texto: **Capítulo Catorce**)

14.1 Complete con la palabra apropiada del vocabulario.

El medio ambiente:

1. Cuando hay desperdicios tóxicos, etc. en el agua o en el aire, se llama
_____.

2. Para que no se muera el planeta, será necesario _____
los recursos naturales.

3. Muchas personas _____ el aluminio, el papel y otras
cosas para usarlos otra vez.

4. Muchas personas creen que debemos _____ les a los
jóvenes en las escuelas la importancia de proteger el medio ambiente.

5. Muchas personas dicen que en vez de cortar y destruir los árboles
debemos _____ árboles nuevos en la tierra.

6. Lo contrario de destruir es _____.

7. Algunas personas dicen que no hay ninguna parte del mundo donde
no se vea contaminación; es decir (*in other words*), la contaminación
se ve _____.

Los problemas de la sociedad:

8. Las personas que no tienen casa en que vivir se llaman los _____
_____.

9. Cuando muchas personas no tienen trabajo, hay mucho _____.

10. Cuando las personas no tienen ni comida ni dinero, hay mucha
_____.

11. Cuando una persona no quiere admitir que otra persona sea igual o
que tenga derechos iguales, se llama la _____.

12. Cuando una persona es racista o chauvinista, él/ella sufre de muchos
_____.

13. La persona que hace un acto de violencia como robar o matar es un
_____.

14. Una persona que sufre un ataque violento es una _____.

15. Se dice que una persona sola no puede resolver los problemas de la
sociedad o la condición del mundo; no, _____ el
_____ tiene que participar.

La política y las opiniones:

16. El/La presidente, el congreso, etc. forman el _____ de un país.

17. Si una persona no es conservadora, es _____.

18. Cuando dos o más personas llegan a la misma conclusión o tienen la misma opinión o idea, ellos _____ de _____.

19. Cuando a una persona no le gusta una opinión o idea, está en _____ _____ ella.

20. Cuando a una persona le gusta una opinión o idea, está a _____ _____ ella.

21. Cuando una persona tiene una opinión o una perspectiva personal, debe expresar su _____ de _____.

22. Algunas personas no quieren admitir que hagan errores; siempre creen que _____ _____.

14.2 Escoja la acción que usted asocia con las referencias indicadas #1–12.

Acciones: **resolver, encontrar, contaminar, votar, protestar, leer, luchar, prevenir, sufrir, eliminar, proponer, apoyar**

1. la cura _____
2. la guerra _____
3. la idea _____
4. el problema_____
5. las elecciones _____
6. la manifestación _____
7. la causa _____
8. los desperdicios tóxicos _____
9. la drogadicción_____
10. las armas nucleares _____
11. las noticias _____
12. la enfermedad _____

TALKING ABOUT WHAT MIGHT OR WOULD HAPPEN IN CERTAIN CIRCUMSTANCES: **El condicional** (libro de texto: **Capítulo Catorce, I**)

14.3 Sus amigos les hacen preguntas a usted y a su compañero(a) de cuarto para saber si ustedes **harían** ciertas cosas. Ustedes contestan que sí.

Ejemplo: explorar ese planeta
            (pregunta) **¿Explorarían ese planeta?**
            (respuesta) **Sí, lo exploraríamos.**

1. apoyar esa causa

   (pregunta) _____

   (respuesta) _____

2. reciclar esos periódicos

   (pregunta) _____

   (respuesta) _____

3. resolver esos problemas

(pregunta) _____

(respuesta) _____

4. evitar esos conflictos

(pregunta) _____

(respuesta) _____

5. proteger a esos animales

(pregunta) _____

(respuesta) _____

14.4 Indique que usted dijo que **haría** las cosas indicadas.

Ejemplo: salir temprano
Dije que saldría temprano.

1. decirle la verdad

_____

2. hacer la llamada

_____

3. poder resolverlo

_____

4. prevenir el problema

_____

5. proponer otra idea ·

_____

6. tener tiempo para hacerlo

_____

REACTING TO PAST ACTIONS OR EVENTS: El imperfecto de subjuntivo (libro de texto: Capítulo Catorce, II)

14.5 Exprese lo que las personas deseaban. Complete con la forma correcta del verbo en el imperfecto de subjuntivo.

1. El presidente del club esperaba que yo... (ir) _____ a Washington, (participar) _____ en la manifestación y (volver) _____ con él a la universidad.

2. Mi padre esperaba que nosotros... (plantar) _____ los árboles, (construir) _____ el garaje y (poder) _____ completar el proyecto pronto.

3. Yo quería que tú... (votar) _____ en las elecciones, (escoger) _____ el mejor candidato y (venir) _____ a la reunión.

4. Recomendábamos que los líderes políticos... (defender) _____ los derechos de los pobres, (resolver) _____ los problemas económicos y (apoyar) _____ nuestras recomendaciones.

5. Era importante que el oficial... (conseguir) _____ más información, (evitar) _____ otro conflicto y (proponer) _____ otras opciones.

14.6 Cambie las oraciones para indicar que las acciones ocurrieron en el pasado.

Ejemplo: <u>Es</u> importante que los participantes <u>se registren</u> para la conferencia.
   Era importante que los participantes se registraran para la conferencia.

1. *Dudo* que ellos *tengan* las reservaciones.

_____

2. *Quieren* que el hotel *esté* cerca del capitolio.

_____

3. *Buscan* un hotel que *sea* económico.

_____

4. *Esperan* que la conferencia *llame* atención a los problemas del medio ambiente.

_____

_____

5. *Es* urgente que todo el mundo *lea* las noticias.

_____

_____

14.7 Traduzca al español.

1. I wanted my friend (f.) to stay.

_____

2. It was necessary for her to leave.

_____

3. I didn't believe that she would do it.

_____

4. I doubted that she had spoken with her parents.

_____

POSING HYPOTHETICAL SITUATIONS: **Cláusulas con *si* y *ojalá* (*que*)** (libro de texto: **Capítulo Catorce, III**)

14.8 Indique las condiciones y los resultados de las situaciones imaginarias.

Ejemplo: si yo/poder/ayudar a los sin hogar
Si yo pudiera, ayudaría a los sin hogar.

1. Si nosotros/tener el dinero/dárselo a los pobres

   _____

2. Si yo/ser presidente/resolver los problemas económicos

   _____

3. Si nosotros/poder/proteger el medio ambiente

   _____

4. Si mi familia/vivir al lado de un río/no contaminarlo

   _____

5. Si nosotros/estar en la selva Amazonas/no destruir el bosque tropical

   _____

   _____

14.9 Indique sus deseos.

Ejemplo: (ganar la lotería)
Ojalá que ganara la lotería.

1. (tener un coche nuevo)

   _____

2. (poder viajar por todo el mundo)

   _____

3. (saber hablar cinco lenguas extranjeras)

   _____

4. (ser famoso/a)

   _____

5. (conocer a Kevin Costner)

   _____

6. (estar en Hawai)

   _____

EXPRESSING ONESELF EMPHATICALLY: **ísimo** (libro de texto: **Capítulo Catorce, IV**)

14.10 Después de la celebración de su cumpleaños, Leti les escribe una notita a sus amigos.

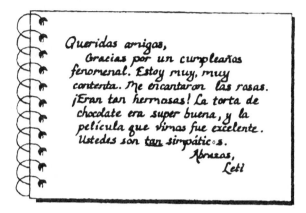

> Queridas amigas,
>   Gracias por un cumpleaños fenomenal. Estoy muy, muy contenta. Me encantaron las rosas. ¡Eran tan hermosas! La torta de chocolate era super buena, y la película que vimos fue excelente. Ustedes son <u>tan</u> simpáticos.
>
>   Abrazos,
>   Leti

¿Qué indica ella en su carta? Responda usando la forma **-ísimo(a)(os)(as)**.

1. ¿Cómo está ella?

   Está contentísima.
   _____

2. ¿Cómo eran las rosas que recibió?

   _____

3. ¿Cómo era la torta de chocolate?

   _____

4. ¿Cómo fue la película que vieron?

   _____

5. ¿Y cómo son los amigos de Leti?

   _____

REPASO GENERAL (libro de texto: **Capítulo Catorce**)

14.11 Conteste en oraciones completas.

1. Durante su primer año en la universidad, ¿qué quería usted que su compañero(a) de cuarto hiciera o no hiciera?

   _____

   _____

2. ¿Qué sugerían sus profesores que usted hiciera?

   _____

   _____

3. Si usted tuviera la oportunidad de viajar a cualquier (*any*) parte del mundo, ¿adónde viajaría usted? ¿Y qué haría usted allí?

_____

_____

4. ¿Bajo qué condiciones estaría usted contentísimo(a)?

Estaría contentísimo(a) si... _____

_____

_____

14.12 La casa encantada

Describa sus emociones y reacciones a las experiencias que usted tuvo en la casa encantada. Use las expresiones siguientes.

Temía que..., Era urgente que..., Era posible que..., Era una lástima que..., Si...

_____

_____

_____

_____

_____

_____

Integración:
manual de laboratorio

Manual de laboratorio: Capítulo Uno

A. EJERCICIO ORAL: LAS PRESENTACIONES (ORAL EXERCISE: INTRODUCTIONS)

Answer the questions according to the drawings. Repeat the correct response.

B. EJERCICIO ORAL: ¿DE DÓNDE SON?

Tell where the individuals are from. Use the correct form of the verb **ser** + **de**.

Example   (tape)   Sonia/California

           (your response)   **Sonia es de California**.
           (tape confirmation)   Sonia es de California.
           (your repetition)   **Sonia es de California.**

C. EJERCICIO ORAL: LOS SALUDOS, EL BIENESTAR Y LA DESPEDIDA (GREETING EACH OTHER, INQUIRING AS TO WELL-BEING, AND SAYING FAREWELL)

1. You will hear a short, formal dialogue. Repeat each phrase.

. . . .

2. You will hear a short, informal dialogue. Repeat each phrase.

. . . .

D. EJERCICIO ESCRITO (WRITTEN EXERCISE): IDENTIFICACIÓN, ORIGEN, BIENESTAR, etc.

Each greeting, question or expression will be read twice. Write a logical response.

1. _Buenas Tardes_
2. _Me llamo Dominico_
3. _Yo Soy de Santa Fe_
4. _Muy bien y Tú_
5. _Nada_
6. _~~Como Esta~~ mucho gusto_
7. _Hasta Mañana ~~Mucha gusto~~_
8. _de nada_

E. COMPRENSIÓN: NOTICIAS CULTURALES—**Maneras de saludar en el mundo hispano**

Listen to the following information on different ways in which Hispanics greet each other.

. . . .

Listen to the information again. Place an "X" in the appropriate column to indicate if the answer to each question is yes (**sí**) or no (**no**).

. . . .

Sí	**No**	
X		1. ¿Es el contacto físico entre hispanos un gesto de amistad?
X		2. ¿Dan las mujeres un beso en la mejilla cuando se encuentran?
	X	3. ¿Tienen las mujeres la costumbre de darse una palmada?
X		4. ¿Tienen los hombres la costumbre de abrazarse?

F. EJERCICIO ORAL: VOCABULARIO, EN LA CLASE DE ESPAÑOL E INSTRUCCIONES PARA LA CLASE

Complete each classroom direction using the vocabulary item given in each drawing.

Example

(tape)   Lea...

(your response)   **Lea el libro.**
(tape confirmation)   Lea el libro.
(your repetition)   **Lea el libro.**

1.

2.

3.

4.

5.

6.

7.

8.

9.

10.

11.

12.

G. EJERCICIO ORAL: IDENTIFICACIÓN

Identify the items giving the definite and indefinite articles that correspond to each noun provided.

Example   (tape)   escritorio

              (your response)   **el escritorio, un escritorio**
              (tape confirmation)   el escritorio, un escritorio
              (your repetition)   **el escritorio, un escritorio**

H. EJERCICIO ORAL: AL PLURAL

Change the reference to indicate more than one.

Example (tape) el alumno

    (your response) **los alumnos**
    (tape confirmation) los alumnos
    (your repetition) **los alumnos**

I. EJERCICIO ORAL: ¿ADÓNDE VAN?

Tell where the individuals are going. Use the correct form of the verb **ir**. Do not repeat the subject pronoun.

Example (tape) Yo/a la universidad

    (your response) **Voy a la universidad.**
    (tape confirmation) Voy a la universidad.
    (your repetition) **Voy a la universidad.**

J. EJERCICIO ORAL: LOS DÍAS DE LA SEMANA

The tape will name a day of the week. Give the day that follows.

Example (tape) lunes

    (your response) **martes**
    (tape confirmation) martes
    (your repetition) **martes**

K. EJERCICIO ORAL: LAS MATEMÁTICAS

Add the items indicated and give the total.

Example (tape) Dos lápices y (*and*) dos lápices son...

    (your response) **Son cuatro lápices.**
    (tape confirmation) Son cuatro lápices.
    (your repetition) **Son cuatro lápices.**

L. EJERCICIO ORAL: ¿QUÉ HORA ES?

Tell the time on each clock.

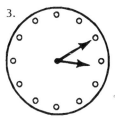

A.M.

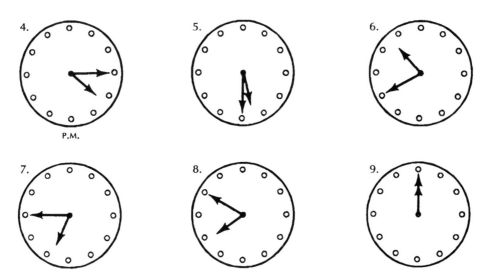

M. COMPRENSIÓN: PANORAMA CULTURAL—**La lengua española**

Listen to the information on the importance of the Spanish language.

. . . .

Now listen again for specific information as you complete in writing the statements that follow.

. . . .

1. La lengua española es una de las _____ lenguas más importantes del mundo.
2. Se habla en España y en _____ países en el hemisferio oeste.
3. También, unos _____ millones de personas en los Estados Unidos hablan español.
4. Las personas de habla española son de origen español, _____, mestizo, negro, mulato e inmigrantes _____.

Manual de laboratorio: Capítulo Dos

A. EJERCICIO ORAL: VOCABULARIO—**La familia**

Exprese la relación entre (*between*) las personas según las fotografías de la familia. Siga (*Follow*) los números. Repita la respuesta correcta.

Lucía y Noé   Andrés y Julia   Antonio y Elisa
Ana   Teo
Elena   Juanito

B. COMPRENSIÓN: CONVERSACIÓN—**La visita de Juan a la clase de español**

Juan es un estudiante mexicano que está visitando una clase de español en los Estados Unidos.

Escuche la conversación que sigue. (*Listen to the conversation that follows.*)

· · · · · · · ·

Escuche la conversación otra vez. (*Listen to the conversation again.*) Escriba una "X" en la columna apropiada para indicar si la respuesta a cada pregunta es **sí** o

no. (*Place an "X" in the appropriate column to indicate if the answer to each question is* **yes** *or* **no.**)

. . . .

Sí   **No**

_____ _____   1. ¿Es Juan de la Ciudad de México?

_____ _____   2. ¿Está Monterrey situada en el norte de México?

_____ _____   3. ¿Es profesor el hermano de Juan?

_____ _____   4. ¿Tiene Juan cuatro hermanas?

C. COMPRENSIÓN: NOTICIAS CULTURALES—**La familia extendida**

Escuche la información que sigue. (*Listen to the information that follows.*)

. . . .

Al escuchar la información otra vez, complete las declaraciones que siguen. (*As you listen to the information again, complete the statements that follow.*)

. . . .

1. La familia estadounidense es _____.

2. La familia hispana es _____.

3. El _____ en muchas familias hispanas es como un patriarca.

4. La _____ tiene mucha importancia en la educación de los nietos y nietas.

D. EJERCICIO ORAL: DECLARACIONES NEGATIVAS

Cambie (*Change*) las declaraciones a la forma negativa.

Ejemplo   Mi tío es profesor.

(usted responde)   **Mi tío no es profesor.**
(confirmación)   Mi tío no es profesor.
(usted repite)   **Mi tío no es profesor.**

E. EJERCICIO ORAL: DESCRIPCIONES

Describa a las personas o cosas (*things*) según los dibujos.

el coche #1   el coche #2

Ejemplo   El coche #1 no es nuevo.
¿Cómo es? (*What's it like?*)

(usted responde)   **Es viejo.**
(confirmación)   Es viejo.
(usted repite)   **Es viejo.**

¿Y cómo es el coche #2?

(usted responde)   **Es nuevo.**
(confirmación)   Es nuevo.
(usted repite)   **Es nuevo.**

1. Martín — Pepita
2. Javier — Alfonso
3. Juanito — Noé
4. Esteban — Natalia
5. Esteban — Natalia
6. el vagabundo — Martín
7. el ogro — Inés
8. el ogro — Camila
9. la casa — la casita

F. EJERCICIO ORAL: LAS NACIONALIDADES

Indique la nacionalidad de la persona.

Ejemplo   El señor Montgomery es de Londres.

(usted responde)	**Es inglés.**
(confirmación)	Es inglés.
(usted repite)	**Es inglés.**

G. EJERCICIO ORAL: ¿DÓNDE ESTÁN?

Indique dónde están las personas según las fotografías.

Ricardo

Ejemplo ¿Dónde está Ricardo?

(usted responde) **Ricardo está en la escuela.**
(confirmación) Ricardo está en la escuela.
(usted repite) **Ricardo está en la escuela.**

yo

mi amigo y yo

yo

nosotros

mis tíos

mi tía

H. EJERCICIO ORAL: ¿CÓMO ESTÁN?

Indique cómo están las personas según los dibujos.

Rubén

Camila

Alfonso

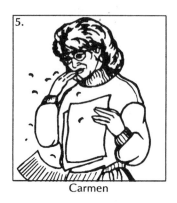

Alfonso   Carmen   Linda   Manuel

I. EJERCICIO ORAL: UNA DESCRIPCIÓN DE CECILIA

Describa a Cecilia usando **es** o **está** y la palabra indicada.

Ejemplo   inteligente

(usted responde)	**Cecilia es inteligente.**
(confirmación)	Cecilia es inteligente.
(usted repite)	**Cecilia es inteligente.**

contenta

(usted responde)	**Cecilia está contenta.**
(confirmación)	Cecilia está contenta.
(usted repite)	**Cecilia está contenta.**

J. EJERCICIO ESCRITO: PREGUNTAS PARA USTED

Escriba las respuestas a las siete preguntas. Cada pregunta es repetida dos veces.
(*Each question is repeated twice.*)

Ejemplo   ¿Es usted fuerte o débil?

(repetición)	¿Es usted fuerte o débil?
(respuesta posible)	**Soy fuerte.**

1. _____
2. _____
3. _____
4. _____
5. _____
6. _____
7. _____

K. EJERCICIO ORAL: ¿CUÁNTOS DÓLARES?

Usted está contando (*counting*) dólares.

Ejemplo   Veinte dólares más (*plus*) diez dólares son...

(usted responde)	**Son treinta dólares.**
(confirmación)	Son treinta dólares.
(usted repite)	**Son treinta dólares.**

L. EJERCICIO ESCRITO: ¿CUÁNTOS AÑOS TIENEN?

Escriba las respuestas a las cinco preguntas para indicar cuántos años tienen las personas. Cada pregunta es repetida dos veces.

Ejemplo   ¿Cuántos años tiene su profesor o profesora de español?

(repetición)   ¿Cuántos años tiene su profesor o profesora de español?
(respuesta posible) **Tiene cincuenta años.**

1. _____
2. _____
3. _____
4. _____
5. _____

M. COMPRENSIÓN: PANORAMA CULTURAL—**Los hispanos en los Estados Unidos**

Escuche la información que sigue. (*Listen to the information that follows.*)

. . . .

Al escuchar la información otra vez, complete las declaraciones que siguen.
(*As you listen to the information again, complete the statements that follow.*)

. . . .

1. La inmigración a partir del siglo veinte está formada por grupos de
    _____, de _____ y de _____.
2. Los cubanos llegan despues de la revolución cubana originada por
    _____ _____.
3. Más recientemente muchos inmigrantes centroamericanos llegan de
    _____, _____ y _____.

Manual de laboratorio: Capítulo Tres

A. EJERCICIO ORAL: VOCABULARIO—La comida

Según los dibujos (*according to the drawings*), identifique las frutas, los mariscos, las legumbres y las carnes que venden en el mercado. Siga (*Follow*) los números. Repita la respuesta correcta.

B. COMPRENSIÓN: CONVERSACIÓN—En el mercado público

Doña Rosa, cliente en el mercado público, habla con doña María, vendedora de frutas y legumbres.

Escuche la conversación que sigue.

. . . .

Escuche la conversación otra vez. Escriba una "X" en la columna apropiada para indicar si la respuesta a cada pregunta es **sí** o **no**.

. . . .

Sí	No	
_____	_____	1. ¿Necesita doña Rosa judías verdes y tomates?
_____	_____	2. ¿Tiene tomates doña María?
_____	_____	3. ¿Tiene bananas y piña doña María?
_____	_____	4. ¿Cuestan las uvas veinte pesos el kilo?
_____	_____	5. ¿Quiere cebollas doña Rosa?

C. EJERCICIO ORAL: ACTIVIDADES EN EL PRESENTE

Indique quién participa en las actividades. Repita las oraciones sustituyendo la forma correcta del verbo. (*Indicate who is participating in the activities. Repeat the sentences, substituting the correct form of the verb.*)

Ejemplo   Yo trabajo en la biblioteca. Él...

(usted responde)	**Él trabaja en la biblioteca.**
(confirmación)	Él trabaja en la biblioteca.
(usted repite)	**Él trabaja en la biblioteca.**

D. EJERCICIO ORAL: USTED Y SUS AMIGOS

Conteste las preguntas para indicar las actividades en que usted y sus amigos participan.

Ejemplo   ¿Estudian ustedes todos los dias?

(usted responde)	**Sí, estudiamos todos los días.** (o) **No, no estudiamos todos los días.**
(confirmación)	Sí, estudiamos todos los días. (o) No, no estudiamos todos los días.
(usted repite)	**Sí, estudiamos todos los días.** (o) **No, no estudiamos todos los días.**

E. EJERCICIO ESCRITO: PREGUNTAS PARA USTED

Escriba las respuestas a las ocho preguntas. Cada pregunta es repetida dos veces.

Ejemplo   ¿Habla usted mucho?

(repetición)	¿Habla usted mucho?
(respuesta posible)	**Sí, hablo mucho.**

1. _____
2. _____
3. _____
4. _____
5. _____
6. _____
7. _____
8. _____

F. EJERCICIO ORAL: VOCABULARIO—**Más comida y las bebidas**

Identifique la comida y las bebidas según los dibujos. Repita la palabra correcta.

G. COMPRENSIÓN: NOTICIAS CULTURALES—**Las tiendas de especialidades**

Escuche la información que sigue.

. . . .

Al escuchar la información otra vez, complete las declaraciones que siguen.

. . . .

1. En el mundo hispano, se ven frecuentemente _____ pequeñas.
2. Normalmente en estas tiendas se vende un _____.
3. Una tienda donde se vende carne es una _____.
4. Una tienda donde se venden tortillas es una _____.

H. COMPRENSIÓN: NOTICIAS CULTURALES—**La comida hispana**

Escuche la información que sigue.

. . . .

Al escuchar la información otra vez, complete las declaraciones que siguen.

. . . .

1. La comida hispana representa las influencias de la cultura _____, la _____ y la _____.
2. Los _____ son un tipo de pastel que se sirven con café o con chocolate caliente.
3. La _____ es un plato de arroz con carnes y mariscos.
4. La tortilla mexicana es de origen _____.

I. EJERCICIO ORAL: SOLICITANDO INFORMACIÓN

Haga una pregunta para obtener más información. (*Ask a question in order to get more information.*) Use las palabras interrogativas.

Ejemplo   La señora Martínez no es la profesora.

        (usted responde)   **¿Quién es la profesora?**
        (confirmación)   ¿Quién es la profesora?
        (usted repite)   **¿Quién es la profesora?**

J. EJERCICIO ESCRITO: PREGUNTAS PARA USTED

Escriba las respuestas a las siete preguntas. Cada pregunta es repetida dos veces.

Ejemplo   ¿Cómo es su madre?

        (repetición)   ¿Cómo es su madre?
        (respuesta posible) **Mi madre es alta, morena y muy inteligente.**

1. _____
2. _____
3. _____
4. _____
5. _____
6. _____
7. _____

K. COMPRENSIÓN: NOTICIAS CULTURALES—La importancia de la comida en el mundo hispano

Escuche la información que sigue.

. . . .

Al escuchar la información otra vez, complete las declaraciones que siguen.

. . . .

1. Para los hispanos la hora de la comida (o el almuerzo) es _____.
2. La comida es larga, de más o menos _____ _____.
3. La comida consiste en varios _____ y el _____.
4. Una parte importante de la comida es "la _____", un término que define la conversación después de la comida.

L. EJERCICIO ORAL: ¡ME GUSTA!

Conteste las preguntas para indicar lo que les gusta a las personas.

Ejemplo   ¿Le gustan a usted las fresas?

(usted responde)   **Sí, me gustan las fresas.** (o)
                     No, no me gustan las fresas.

(confirmación)   Sí, me gustan las fresas. (o)
                     No, no me gustan las fresas.

(usted repite)   **Sí, me gustan las fresas.** (o)
                     No, no me gustan las fresas.

M. COMPRENSIÓN: PANORAMA CULTURAL—La cultura hispana—parte integrante de los Estados Unidos

Escuche la información que sigue.

. . . .

Al escuchar la información otra vez, complete las declaraciones que siguen.

. . . .

1. Ser _____ es importante para una gran población de hispanos que viven en los Estados Unidos.

2. Los hispanos expresan su talento y sus modos de expresión artística a través de la música, el _____, la arquitectura, la _____ y más.

3. Gloria Estefan expresa su gran talento en la _____ "Rock".

4. Edward James Olmos es un excelente _____ latino.

5. José Canseco es un famoso _____ latino.

Manual de laboratorio: Capítulo Cuatro

A. EJERCICIO ORAL: VOCABULARIO—**El cuerpo y las actividades**

Conteste para indicar las actividades que, según los dibujos, les gustan a las personas y también las partes del cuerpo que usan. Siga los números. Repita la respuesta correcta.

B. COMPRENSIÓN: CONVERSACIÓN—**Pasatiempos favoritos**

Pepita y Linda hablan de sus pasatiempos.

Escuche la conversación que sigue.

. . . .

Escuche la conversación otra vez. Escriba una "X" en la columna apropiada para indicar si la respuesta a cada pregunta es **sí** o **no**.

. . . .

Sí   **No**

_____ _____ 1. ¿Juega Pepita al tenis frecuentemente?

_____ _____ 2. ¿Quiere Pepita jugar esta mañana?

_____ _____ 3. ¿Deciden ir a las canchas públicas?

_____ _____ 4. ¿Son viejas las canchas?

C. COMPRENSIÓN: NOTICIAS CULTURALES—Tres deportes populares en los países hispanos

Escuche la información que sigue.

· · · · · · · · ·

Al escuchar la información otra vez, complete las declaraciones que siguen.

· · · · · · · · ·

1. El _____ es muy popular en todos los países hispanos.
2. El _____ es muy popular en Puerto Rico, Cuba, la República Dominicana y Venezuela.
3. La _____ de toros es más popular en España, México y algunos países de Sudamérica.
4. Respecto a la corrida de toros, algunos afirman que es un _____ y otros afirman que es un _____.

D. EJERCICIO ORAL: MÁS ACTIVIDADES EN EL PRESENTE

Según los dibujos, indique lo que hace Pepita y lo que hace usted.

oír

Ejemplo ¿Qué oye Pepita?

(usted responde)   **Oye música.**

¿Y usted?

(usted responde)   **Oigo música también.**

1.

hacer

2.

traer

3.

poner

saber

ver/traducir

salir

E. EJERCICIO ESCRITO: PREGUNTAS PARA USTED

Escriba las respuestas a las siete preguntas. Cada pregunta es repetida dos veces.

1. _____
2. _____
3. _____
4. _____
5. _____
6. _____
7. _____

F. COMPRENSIÓN: NOTICIAS CULTURALES—**El ciclismo**

Escuche la información que sigue.

· · · · · · · · ·

Al escuchar la información otra vez, complete las declaraciones que siguen.

· · · · · · · · ·

1. El ciclismo es muy popular en _____ y en varios países latinoamericanos.
2. La Vuelta _____ a España es tan popular en Europa como el Tour de Francia.
3. Los ciclistas se preparan para estas pruebas en los _____ o en la Sierra Nevada.
4. Los fines de semana es común ver grupos de ciclistas subiendo una _____.

G. EJERCICIO ORAL: MÁS ACTIVIDADES EN EL PRESENTE

Nosotros participamos en algunas actividades. Indique que Carmen participa en las actividades también.

Ejemplo   Nosotros decimos la verdad.

(usted responde)   **Carmen dice la verdad también.**

H. EJERCICIO ORAL: PREFERENCIAS Y OBLIGACIONES

¿Cuáles son las preferencias o las obligaciones de las personas en los dibujos? ¿Y las preferencias o las obligaciones de usted?

 Ejemplo   ¿Qué quiere hacer Martín?

(usted responde)   **Quiere esquiar.**

¿Y usted?

(usted responde)   **Quiero esquiar también.** (o)
No quiero esquiar.

1.

2.

3.

4.

5.

6.

7.

8.
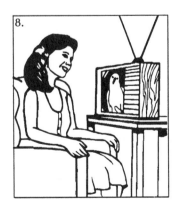

9.

I. EJERCICIO ESCRITO: PREGUNTAS PARA USTED

Escriba las respuestas a las ocho preguntas. Cada pregunta es repetida dos veces.

1. _____
2. _____
3. _____
4. _____
5. _____
6. _____
7. _____
8. _____

J. EJERCICIO ORAL: ¿QUÉ VAN A HACER?

Indique lo que las personas van a hacer según la información.

Ejemplo   Tengo hambre.

           (usted responde)   **Voy a comer una hamburguesa,** etc.

K. EJERCICIO ORAL: ¿QUÉ BUSCAN?

¿Qué buscan las personas? Responda usando los posesivos.

Ejemplo   Yo/libro

           (usted responde)   **Busco mi libro.**

L. COMPRENSIÓN: PANORAMA CULTURAL—**España**

Escuche la información que sigue.

. . . .

Al escuchar la información otra vez, complete las declaraciones que siguen.

. . . .

1. Los _____ contribuyeron su lengua, el latín, su arquitectura, su ley y mucho más.
2. Los _____ contribuyeron mucho en los campos de la arquitectura, la filosofía, el arte, la literatura, la astronomía y la medicina.
3. Dos individuos que tuvieron mucho impacto sobre la península ibérica eran _____ y _____.
4. Eran responsables por la unificación linguística, _____ y _____ de la península.

Manual de laboratorio: Capítulo Cinco

A. EJERCICIO ORAL: VOCABULARIO—**La ropa**

Según los dibujos, indique la ropa, etc. que las personas llevan y lo que usted ve en los escaparates (*shop windows*) de la tienda. Siga los números. Repita la respuesta correcta.

B. COMPRENSIÓN: CONVERSACIÓN—**En la tienda de ropa**

Ana y Maite son amigas que van de compras. Maite quiere comprar un regalo de cumpleaños para su padre.

Escuche la conversación que sigue.

. . . .

Escuche la conversación otra vez. Indique con una "X" si la respuesta a cada pregunta es **sí** o **no**.

. . . .

Sí   **No**

_____ _____ 1. ¿Compra Maite un suéter para su madre?
_____ _____ 2. ¿El suéter va a ser un regalo de cumpleaños?
_____ _____ 3. ¿Tiene la tienda mucha variedad de tallas?
_____ _____ 4. ¿Cuesta el suéter quince mil pesetas?
_____ _____ 5. ¿Paga Maite con tarjeta de crédito?

C. COMPRENSIÓN: NOTICIAS CULTURALES—**Ir a la moda**

Escuche la información que sigue.

. . . .

Al escuchar la información otra vez, complete las declaraciones que siguen.

. . . .

1. En las ciudades hispanas "_____" es muy importante.
2. A la gente le gusta pasar mucho tiempo en paseos y en lugares _____.
3. Los hispanos cuidan su apariencia porque les gusta causar una _____
   _____.
4. En general, la ropa no es tan _____ como en los Estados Unidos.
5. Los pantalones cortos y las camisetas se llevan más en las _____
   o en los lugares _____.

D. EJERCICIO ORAL: ¿QUÉ COSAS VA A COMPRAR USTED?

Usted va de compras para comprar regalos. Indique las cosas que usted va a comprar.

Ejemplo   camisa

(usted responde)   **Voy a comprar esta camisa y ésa.**

E. EJERCICIO ORAL: ¿DE QUIÉN ES?

Indique que las cosas son de las personas indicadas. Use los adjetivos de posesión.

Ejemplo   Esa chaqueta, ¿es de usted?

(usted responde)   **Sí, es mía.**

F. EJERCICIO ORAL: EL TIEMPO Y LAS ESTACIONES

Indique el tiempo y la probable estación según los dibujos.

Ejemplo   ¿Qué tiempo hace?

(usted responde)   **Hace sol.**

¿Y qué estación es?

(usted responde)   **Es verano.**

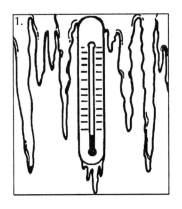
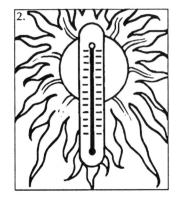

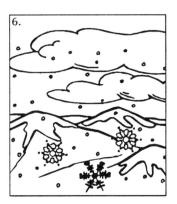

G. COMPRENSIÓN: NOTICIAS CULTURALES—**La ropa tradicional**

Escuche la información que sigue.

. . . .

Al escuchar la información otra vez, complete las declaraciones que siguen.

. . . .

1. En el mundo hispano hay diversos grupos que mantienen su atuendo o ropa
   _____.

2. En los países que tienen una gran concentración de población _____,
   se ven ponchos y otras ropas de _____ vivos.

3. "El huipil" es un vestido blanco con un bordado de _____.

4. "El huipil" es de origen _____.

H. EJERCICIO ORAL: SOY MILLONARIO

Imagínese que usted es millonario o millonaria y desea comprar joyas, etc. para
su familia. Indique cuánto cuesta cada par (*pair*) de cosas que usted considera
comprar.

Ejemplo   Este anillo cuesta cien dólares.
            Ése cuesta cincuenta.
            ¿Cuánto cuestan los dos?

            (usted responde)   **Cuestan ciento cincuenta dólares.**

I. EJERCICIO ORAL: ¿CUÁL ES EL MES? ¿CUÁL ES LA FECHA?

Conteste las preguntas para indicar los meses o las fechas.

J. EJERCICIO ORAL: ¿CUÁNTO TIEMPO HACE?

Según los dibujos y según las indicaciones, indique cuánto tiempo hace que las personas participan en las actividades.

Martín e Inés

Ejemplo media hora

(usted responde) **Hace media hora que Martín e Inés bailan.**

Martín

Javier

Linda

Inés

Pepita

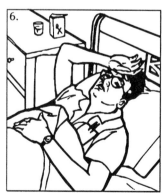

Alfonso

K. EJERCICIO ORAL: ¿QUÉ ESTÁN HACIENDO?

Según los dibujos, indique lo que están haciendo las personas.

Inés

Ejemplo   ¿Qué está haciendo Inés?

(usted responde)   **Está cantando.**

Esteban

Natalia

Carmen

Carmen

Rubén

Manuel

Pepita

Alfonso

L. EJERCICIO ESCRITO: PREGUNTAS PARA USTED

Escriba las respuestas a las cinco preguntas. Cada pregunta es repetida dos veces.

1. _____
2. _____
3. _____
4. _____
5. _____

M. COMPRENSIÓN: PANORAMA CULTURAL—**La España actual**

Escuche la información que sigue.

. . . .

Al escuchar la información otra vez, complete las declaraciones que siguen.

. . . .

1. Después de perder sus últimas posesiones en _____ y en _____, España tiene una crisis de identidad.
2. El país sufre una guerra civil dirigida por Francisco _____.
3. Durante el período de la dictadura muchos intelectuales y artistas salen del país a causa de la _____ y la _____.
4. Con las elecciones libres, el establecimiento de la monarquía y la entrada en el _____ _____, España experimenta un renacimiento.

Manual de laboratorio: Capítulo Seis

A. EJERCICIO ORAL: VOCABULARIO—**En la ciudad**

Conteste las preguntas según los dibujos. Siga los números. Repita la respuesta correcta.

B. COMPRENSIÓN: CONVERSACIÓN—Me gustó la ciudad

Unos amigos conversan en un café donde hablan de sus experiencias del verano.

Escuche la conversación que sigue.

. . . .

Escuche la conversación otra vez. Indique con una "X" si la respuesta a cada pregunta es **sí** o **no**.

. . . .

Sí **No**

_____ _____ 1. ¿Visitó Angélica la ciudad de París?

_____ _____ 2. ¿Le gustó la ciudad?

_____ _____ 3. Según Angélica, ¿es París muy diferente de Barcelona?

_____ _____ 4. Según Roberto, ¿es Barcelona inferior a París?

_____ _____ 5. ¿A Angélica le gustó la comida francesa?

C. COMPRENSIÓN: NOTICIAS CULTURALES—**La plaza, corazón de la ciudad**

Escuche la información que sigue.

. . . .

Al escuchar la información otra vez, complete las declaraciones que siguen.

. . . .

1. La mayoría de las ciudades hispanas crecieron en torno a una _____.

2. La plaza es el _____ de la ciudad.

3. Si las personas no están en el trabajo o en casa, probablemente están charlando en algún _____ _____ en la plaza.

4. La plaza es un centro de la _____ _____ hispana.

D. EJERCICIO ORAL: CONOCIENDO LA CIUDAD

Un estudiante de México está visitando la ciudad donde usted vive y necesita información sobre la ciudad. Conteste las preguntas de él.

Ejemplo ¿A qué hora se abre el restaurante?

     (usted responde) **Se abre a las ocho de la mañana**, etc.

E. COMPRENSIÓN: NOTICIAS CULTURALES—**Los medios de transporte**

Escuche la información que sigue.

. . . .

Al escuchar la información otra vez, complete las declaraciones que siguen.

. . . .

1. En los países hispanos el _____ _____ es muy importante en la vida diaria.

2. Es común usar el transporte público más que el propio _____.

3. El _____ es un problema en las grandes ciudades.

4. También, en las ciudades grandes el _____ es uno de los transportes más eficientes y económicos.

F. EJERCICIO ORAL: ¿QUIÉN PARTICIPÓ EN LAS ACTIVIDADES?

Usted y varios de sus amigos fueron al centro. Indique quién fue y quién participó en las actividades.

Ejemplo   Yo salí de la universidad. Mis amigos...

           (usted responde)   **Mis amigos salieron de la universidad.**

G. EJERCICIO ORAL: AYER

Su amiga indica que participa en ciertas actividades todos los días. Indique que usted participó en las actividades ayer.

Ejemplo   Yo trabajo todos los días.

           (usted responde)   **Yo trabajé ayer.**

H. EJERCICIO ORAL: LAS ACTIVIDADES DE JAVIER

Según los dibujos, describa las actividades en que participó Javier.

Ejemplo   la casa

           (usted responde)   **Javier pintó la casa.**

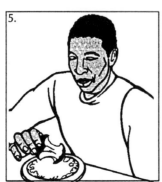
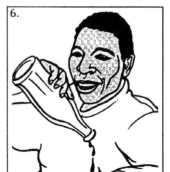

I. EJERCICIO ORAL: OPCIONES

Según los dibujos, complete la oración para decir lo que pasó en los lugares indicados.

Carmen/pedir

Ejemplo   En la pastelería, Carmen...

(usted responde)   **Carmen pidió la torta de chocolate.**

Elena y Juanito/pedir

la madre/pedir

Manuel/preferir

Juanito y Elena/preferir

Camila y Natalia/repetir
Esteban/repetir

Alfonso/dormir
Rubén y Esteban/dormir

J. EJERCICIO ESCRITO: PREGUNTAS PARA USTED

Escriba las respuestas a las seis preguntas. Cada pregunta es repetida dos veces.

1. _____
2. _____
3. _____
4. _____
5. _____
6. _____

K. EJERCICIO ORAL: VOCABULARIO—**En el banco**

Conteste las preguntas según el dibujo.

L. EJERCICIO ORAL: ¿CARMEN TE VIO?

Hay una fiesta muy grande en la casa de Carmen. Indique que Carmen vio a las personas que llegaron a la fiesta temprano.

Ejemplo   Anita llegó temprano.

(usted responde)   **Carmen la vio.**

M. EJERCICIO ORAL: EL DINERO

Conteste las preguntas de su madre respecto al dinero.

Ejemplo   ¿Ahorraste el dinero?

(usted responde)   **Sí, lo ahorré.**

N. EJERCICIO ORAL: ¡UN LADRÓN EN EL BANCO!

Conteste las preguntas según los dibujos para saber lo que pasó en el banco.

O. COMPRENSIÓN: PANORAMA CULTURAL—**Las artes en España**

Escuche la información que sigue.

· · · · · · · · ·

Al escuchar la información otra vez, complete las declaraciones que siguen.

· · · · · · · · ·

1. Con la muerte de Franco, muchos _____ exiliados volvieron a España.

2. Estos artistas, con toda una nueva generación de artistas, forman una nueva _____.

3. En todas las comunidades se ven manifestaciones artísticas de todo tipo:

    ...desde el baile _____ hasta la música _____;

    ...desde los pintores clásicos como _____ hasta _____ y _____;

    ...desde el drama con el famoso personaje _____ _____ Tenorio hasta las _____ más recientes.

Manual de laboratorio: Capítulo Siete

A. EJERCICIO ORAL: VOCABULARIO—**El campo y la naturaleza**

Identifique lo que usted ve en los dibujos y las acciones que ocurren. Siga los números. Repita la respuesta correcta.

B. COMPRENSIÓN: CONVERSACIÓN—**Una aventura acampando**

Dos amigos, Fernando y Paco, conversan una noche a las orillas de un lago.

Escuche la conversación que sigue.

· · · · · · · ·

Escuche la conversación otra vez. Indique con una "X" si la respuesta a cada pregunta es **sí** o **no**.

· · · · · · · ·

Sí   **No**

_____ _____   1. ¿Estuvo Paco en las mismas montañas el otoño pasado?

_____ _____   2. ¿Acamparon él y sus amigos cerca de un río?

_____ _____   3. ¿Hicieron un fuego primero?

_____ _____   4. ¿Tuvieron miedo del animal extraño?

_____ _____   5. ¿Comieron ellos el chili?

C. EJERCICIO ORAL: ACAMPANDO EN LAS MONTAÑAS

Conteste las preguntas para indicar quién participó en las actividades.

Ejemplo   ¿Quién fue a las montañas? Yo...

             (usted responde)   **Yo fui a las montañas.**

D. EJERCICIO ORAL: PREGUNTAS PARA SU AMIGO O AMIGA

Hágale preguntas a su amigo o amiga para saber lo que pasó durante otro viaje a las montañas.

Ejemplo   hacer el viaje

             (usted pregunta)   **¿Hiciste el viaje?**

E. EJERCICIO ORAL: UN VIAJE A LA PLAYA

Linda y Natalia decidieron ir a la playa. Describa lo que pasó según los dibujos.

1. Natalia y Linda/poner...   2. hacer un viaje...   3. traer...   4. jugar...

andar por...   querer...   no poder...   tener que...

Ahora, imagínese que usted y sus amigos decidieron ir a la playa. Describa lo que pasó según los dibujos.

F. EJERCICIO ESCRITO: PREGUNTAS PARA USTED

Escriba las respuestas a las seis preguntas. Cada pregunta es repetida dos veces.

1. _____
2. _____
3. _____
4. _____
5. _____
6. _____

G. COMPRENSIÓN: NOTICIAS CULTURALES—**Ir de excursión los fines de semana**

Escuche la información que sigue.

. . . .

Al escuchar la información otra vez, complete las declaraciones que siguen.

. . . .

1. El amor a la naturaleza, salir al campo o ir a la playa los fines de semana son _____ comunes por todo el mundo hispano.
2. Si es en el verano la excursión normalmente es cerca del _____ donde los niños y los mayores _____, charlan y se entretienen con juegos de pelota.
3. La gente prepara y lleva los ingredientes que van a usar en el _____.
4. Bocadillos o _____ son una comida común, pero también se _____ en el campo.

H. EJERCICIO ORAL: ¿CUÁNTO TIEMPO HACE?

Conteste las preguntas de su amigo para indicar que usted participó en las siguientes actividades hace un año.

Ejemplo   ¿Cuánto tiempo hace que fuiste a la playa?

(usted responde)   **Fui a la playa hace un año.**

I. EJERCICIO ORAL: LA GENEROSA TÍA SONIA

Indique que todas las personas en su familia están muy contentas porque la tía Sonia les dio regalos magníficos.

Ejemplo   Su hermano está muy contento, ¿verdad?

(usted responde)   **Sí, porque la tía Sonia le dio un regalo.**

J. EJERCICIO ORAL: MIS GUSTOS

Conteste para indicar sus gustos e intereses personales.

Ejemplo   ¿Le fascinan a usted las tormentas?

   (usted responde)   **Sí, me fascinan.** (o) **No, no me fascinan.**

K. COMPRENSIÓN: NOTICIAS CULTURALES—**Ir de vacaciones**

Escuche la información que sigue.

· · · · · · · · ·

Al escuchar la información otra vez, complete las declaraciones que siguen.

· · · · · · · · ·

1. El verano en los países hispanos se identifica con las _____.
2. Es común tener un _____ de vacaciones.
3. Es común para la clase media pasar el mes lejos de su lugar de _____.
4. Muchos hispanos alquilan un _____ en las playas o en las montañas.
5. También a los hispanos les encanta visitar otras _____.

L. EJERCICIO ORAL: ¡SÍ, TE LO DEVOLVÍ!

Una amiga suya le hace preguntas a usted. Contéstelas según el ejemplo.

Ejemplo   ¿Me devolviste las fotos?

   (usted responde)   **Sí, te las devolví.**

M. EJERCICIO ESCRITO: PREGUNTAS PARA USTED

Conteste las seis preguntas usando los pronombres de complemento directo e indirecto. Cada pregunta es repetida dos veces.

Ejemplo   ¿Quién le regaló a usted ese suéter?

   (posible respuesta) **Mi madre me lo regaló.**

1. _____
2. _____
3. _____
4. _____
5. _____
6. _____

N. EJERCICIO ORAL: ¿CÓMO O CUÁNDO LO HIZO?

Indique cómo o cuándo su amigo Leonardo hizo las cosas indicadas.

Ejemplo   Encontró el lugar. (fácil)

               (usted responde)   **Encontró el lugar fácilmente.**

O. COMPRENSIÓN: PANORAMA CULTURAL—**México, su ciudad capital**

Escuche la información que sigue.

· · · · · · · ·

Escuche la información otra vez. Conteste las preguntas que siguen.

· · · · · · · ·

1. ¿Cuántos millones de personas viven en la capital?

   _____

2. Para los mexicanos pobres, ¿qué representa la capital?

   _____

3. Para el año dos mil, ¿cuántos millones de personas proyectan vivir en la capital?

   _____

4. ¿Cuál es un problema que hoy tiene la capital?

   _____

Manual de laboratorio: Capítulo Ocho

A. EJERCICIO ORAL: VOCABULARIO—**En el hogar**

Complete las oraciones para identificar los objetos y las actividades en el hogar.
Siga los números en los dibujos. Repita la respuesta correcta.

B. COMPRENSIÓN: CONVERSACIÓN—**Buscando un apartamento**

Alicia llega a su casa cansada después de un día de ver apartamentos. Ahora está charlando con su hermano Pepe.

Escuche la conversación que sigue.

· · · · · · · ·

Escuche la conversación otra vez. Indique con una "X" si la respuesta a cada pregunta es **sí** o **no**.

· · · · · · · ·

Sí   No

_____ _____ 1. ¿Encontró Alicia un apartamento interesante?

_____ _____ 2. ¿Tenía refrigerador el apartamento que encontró?

_____ _____ 3. ¿Quieren Maite y Alicia un apartamento con dos alcobas?

_____ _____ 4. En la opinión de Pepe, ¿debe Alicia ir a una agencia?

C. COMPRENSIÓN: NOTICIAS CULTURALES—**La casa tradicional hispana**

Escuche la información que sigue.

. . . .

Al escuchar la información otra vez, complete las declaraciones que siguen.

. . . .

1. En los barrios en las afueras de las ciudades se puede ver la casa _____ hispana con una _____ grande que da entrada a un patio.

2. Las ventanas de los cuartos se abren al _____ donde hay flores y _____.

3. Las ventanas que se abren a la calle tienen rejas por las cuales los vecinos _____, unos dentro y otros _____ de la casa.

D. EJERCICIO ORAL: VISITANDO A LOS ABUELOS

¿Qué hacían las personas en la casa de los abuelos?

Ejemplo   Yo jugaba en el sótano. Mi hermana...

(usted responde)   **Mi hermana jugaba en el sótano.**

E. EJERCICIO ORAL: LA ABUELA Y EL ABUELO

Describa la fotografía de los abuelos usando las palabras indicadas y el tiempo imperfecto.

Ejemplo   nueve y media

(usted responde)   **Eran las nueve y media.**

F. EJERCICIO ORAL: EN EL PASADO

Indique lo que usted **hacía** habitualmente el año pasado, y lo que usted **hizo** ayer, anoche, etc.

Ejemplo   jugar al tenis/todos los días

(usted responde)   **Jugaba al tenis todos los días.**

jugar al tenis/ayer

(usted responde)   **Jugué al tenis ayer.**

G. EJERCICIO ORAL: ELENA Y JUANITO EN LA CASA DE LOS ABUELOS

Según los dibujos, indique lo que Juanito y Elena hacían cuando algo los interrumpió.

Ejemplo   ¿Qué hacían Elena y Juanito cuando llamó la abuela? Elena...

(usted responde)   **Elena miraba la televisión.**

Y Juanito...

(usted responde)   **Juanito dormía.**

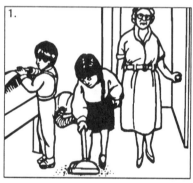
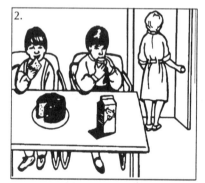

H. EJERCICIO ESCRITO: PREGUNTAS PARA USTED

Escriba las respuestas a las cuatro preguntas. Cada pregunta es repetida dos veces.

1. _____
2. _____
3. _____
4. _____

I. COMPRENSIÓN: NOTICIAS CULTURALES—**Viviendas en las zonas rurales**

Escuche la información que sigue.

. . . .

Al escuchar la información otra vez, complete las declaraciones que siguen.

. . . .

1. En las zonas rurales se encuentran las bellas _____ del campo y las casas _____ de los pequeños pueblos.
2. Las haciendas son grandes construcciones rodeadas de _____.
3. En las zonas rurales, las casas parecen estar siempre abiertas para dar entrada al aire fresco y a los _____.
4. La expresión hispana de "mi casa es su casa" no es simplemente una fórmula sino una _____ sincera.

J. EJERCICIO ORAL: EL GATO RODOLFO

Conteste las preguntas según los dibujos indicando dónde está el gato Rodolfo.

Rodolfo   Teo

Ejemplo   ¿Dónde está Rodolfo?

(usted responde)   **Está al lado de** (o) **cerca de Teo.**

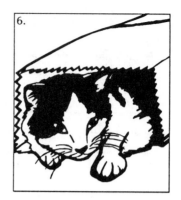

K. EJERCICIO ORAL: ¿PARA DÓNDE? ¿PARA QUÉ?

Durante las próximas vacaciones los estudiantes salen para lugares diferentes.
Indique para dónde salen y para qué.

Ejemplo   Luis/las montañas

(usted responde)   **Sale para las montañas.**

esquiar

(usted responde)   **Va allí para esquiar.**

L. EJERCICIO ORAL: LAS AVENTURAS DE MARCO LOPO

Marco Lopo viajó y caminó por todo el mundo. Fue a los lugares indicados. ¿Por dónde caminó?

Ejemplo   Fue a Buenos Aires.

(usted responde)   **Caminó por las calles de la ciudad.**

M. EJERCICIO ORAL: ¿PARA QUIÉN? ¿POR CUÁNTO?

Imagínese que usted fue de compras para comprar regalos para su familia.
Indique para quién es cada regalo y por cuánto dinero lo compró usted.

Ejemplo   corbata/mi padre

(usted responde)   **Compré una corbata para mi padre.**

diez dólares

(usted responde)   **La compré por diez dólares.**

N. EJERCICIO ORAL: UNA EXCURSIÓN A LA GRANJA DE MIS TÍOS

Indique lo que usted hizo durante un fin de semana en la granja de sus tíos. Haga una oración con las palabras indicadas y **por** y **para**.

Ejemplo   Los llamé/decirles que venía.

(usted responde)   **Los llamé para decirles que venía.**

O. COMPRENSIÓN: PANORAMA CULTURAL—**Imágenes de México**

Escuche la información que sigue.

. . . .

Escuche la información otra vez. Conteste las preguntas que siguen.

. . . .

1. ¿Cómo es la geografía en la región de la frontera?

   _____

2. ¿Qué tipo de producción hay en El Bajío, región de planicies entre montañas?

   _____

3. ¿Cuál es la región más industrializada del país y donde exploraron primero los españoles?

   _____

4. ¿Cuál es el nombre que se da a las costas montañosas del Pacífico?

   _____

5. ¿De qué civilización indígena son las impresionantes ruinas que se encuentran en la península de Yucatán?

   _____

Manual de laboratorio: Capítulo Nueve

A. EJERCICIO ORAL: VOCABULARIO—**La vida diaria y la residencia de estudiantes**

Conteste las preguntas según los dibujos. Siga los números. Repita la respuesta correcta.

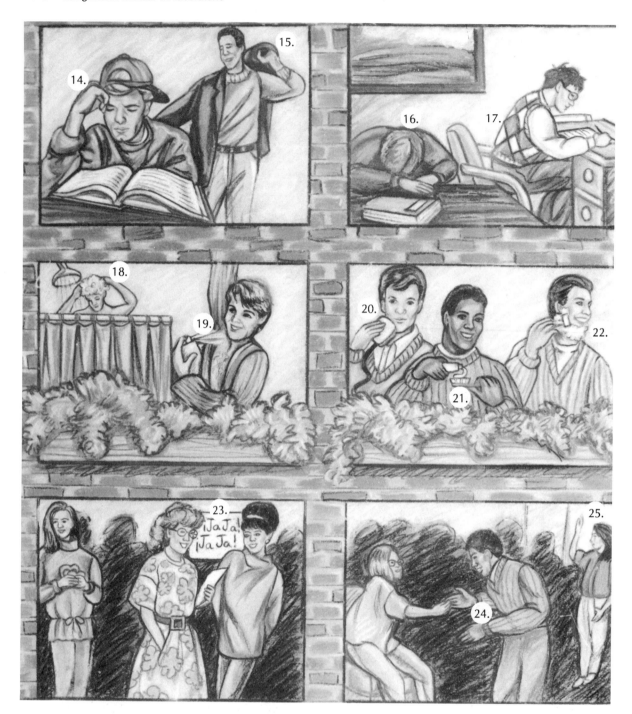

B. COMPRENSIÓN: CONVERSACIÓN—**La guerra del baño**

Ricardo está esperando para usar el cuarto de baño pero su hermana Anita está dentro y tarda mucho en salir.

Escuche la conversación que sigue.

· · · · · · · · ·

Escuche la conversación otra vez. Indique con una "X" si la respuesta a cada pregunta es **sí** o **no**.

· · · · · · · ·

Sí   **No**

_____ _____ 1. ¿Hace una hora que Ricardo espera para entrar?

_____ _____ 2. ¿Quiere Ricardo peinarse?

_____ _____ 3. En la opinión de Ricardo, ¿tiene él el derecho a usar el baño?

_____ _____ 4. En la opinión de usted, ¿va Anita a salir en un minuto?

C. EJERCICIO ORAL: LAS ACTIVIDADES DIARIAS

Exprese las actividades diarias de las personas indicadas.

Ejemplo   Me acuesto a las once. (él)

           (usted responde)   **Se acuesta a las once.**

D. EJERCICIO ORAL: LAS ACTIVIDADES DE JUANITO

Según los dibujos, indique lo que hizo Juanito anoche y esta mañana.

Juanito

Ejemplo

(usted responde)   **Se acostó a las diez.**

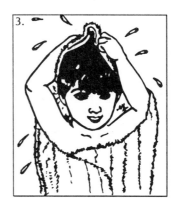

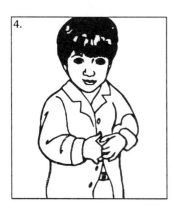

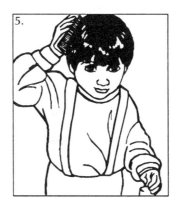

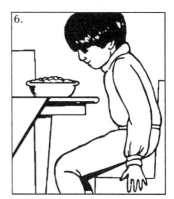

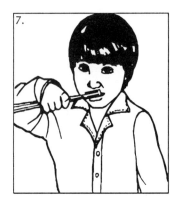

Ahora vamos a suponer que usted tenía la misma rutina cuando era niño o niña. Indique lo que usted hacía según los dibujos.

Ejemplo   (usted responde)   **Me acostaba a las diez.**

E. EJERCICIO ESCRITO: PREGUNTAS PARA USTED

Escriba las respuestas a las ocho preguntas. Cada pregunta es repetida dos veces.

1. _____
2. _____
3. _____
4. _____
5. _____
6. _____
7. _____
8. _____

F. EJERCICIO ORAL: ÉL Y ELLA

Indique lo que pasó en la relación entre él y ella.

Ejemplo   encontrarse en el parque

(usted responde)   **Se encontraron en el parque.**

G. COMPRENSIÓN: NOTICIAS CULTURALES—**Los días festivos**

Escuche la información que sigue.

. . . .

Al escuchar la información otra vez, complete las declaraciones que siguen.

. . . .

1. Durante los días festivos la gente viene de todas partes para participar en las

_____.

2. Los días festivos generalmente tienen su origen en festividades _____ antiguas.

3. Las celebraciones por lo general veneran a un _____ o _____ o las diferentes manifestaciones de la Virgen María.

4. De las fiestas religiosas no hay otra más popular que la _____ _____.

H. EJERCICIO ORAL: LO QUE HA PASADO

Indique lo que usted y usted y sus amigos han hecho recientemente.

Ejemplo   yo: limpiar mi cuarto

(usted responde)   **He limpiado mi cuarto.**

I. EJERCICIO ORAL: LAS PREGUNTAS DE MAMÁ O PAPÁ

Es la hora de salir. ¿Qué preguntas le hace la madre al niño?

Ejemplo   bañarte

(usted responde)   **¿Te has bañado?**

J. EJERCICIO ORAL: ¿QUÉ HAY DE NUEVO?

Usted estudió en otro país el semestre pasado y acaba de volver a la universidad. Según los dibujos, ¿qué cosas han ocurrido en su ausencia?

Martín

Ejemplo

(usted responde)   **Martín se ha roto la pierna.**

Alfonso

Linda y Manuel

La profesora Andrade

Esteban

Natalia

Rubén

Pepita

Carmen

Rodolfo

K. EJERCICIO ESCRITO: PREGUNTAS PARA USTED

Escriba las respuestas a las cuatro preguntas. Cada pregunta es repetida dos veces.

1. _____
2. _____
3. _____
4. _____

L. EJERCICIO ORAL: LO QUE HABÍA PASADO

Un estudiante llegó a la clase muy tarde. Indique lo que **había** pasado cuando él llegó.

Ejemplo   hablar con la profesora/yo

(usted responde)   **Había hablado con la profesora.**

M. COMPRENSIÓN: PANORAMA CULTURAL—**La América Central**

Escuche la información que sigue.

. . . .

Escuche la información otra vez. Conteste las preguntas que siguen.

. . . .

1. ¿Cuántos países hispanos forman la América Central?

   _____

2. ¿Qué característica geográfica tienen todos estos países menos Honduras?

   _____

3. ¿Qué tipo de gobierno en principio tienen estos países?

   _____

4. En algunos países, ¿qué impide las funciones del sistema democrático?

   _____

5. ¿En qué países ha sido más agresivo el movimiento para cambiar el sistema económico y político?

   _____

Manual de laboratorio: Capítulo Diez

A. EJERCICIO ORAL: VOCABULARIO—**La estación de servicio y la carretera**

Conteste las preguntas según los dibujos. Siga los números. Repita la respuesta correcta.

B. COMPRENSIÓN: CONVERSACIÓN—**Problemas con el coche**

Después de viajar por diez horas, Jorge se para en una estación de servicio.

Escuche la conversación que sigue.

. . . .

Escuche la conversación otra vez. Indique con una "X" si la respuesta a cada pregunta es **sí** o **no**.

. . . .

Sí   **No**

_____ _____   1. ¿Quiere Jorge gasolina de noventa y tres octanos?

_____ _____   2. ¿Necesita revisar el limpiaparabrisas?

_____ _____   3. ¿Ha pasado Jorge mucho tiempo en Los Ángeles?

_____ _____   4. ¿Está un poco desinflada la llanta frontal?

C. EJERCICIO ORAL: ¿QUÉ QUIEREN QUE YO HAGA?

Indique lo que su padre o madre quiere que usted haga.

Ejemplo   ¿Qué quiere su padre que haga usted? pagar la cuenta

(usted responde)   **Quiere que pague la cuenta.**

D. EJERCICIO ORAL: JUANITO Y SU MADRE

Según los dibujos, indique lo que la madre quiere, recomienda, etc. que Juanito haga.

Ejemplo   ¿Qué quiere que haga Juanito?

(usted responde)   **Quiere que se acueste.**

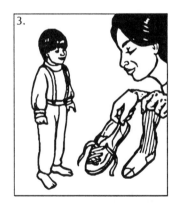

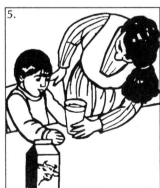

E. COMPRENSIÓN: NOTICIAS CULTURALES—**La Carretera Panamericana**

Escuche la información que sigue.

. . . .

Al escuchar la información otra vez, complete las declaraciones que siguen.

. . . .

1. Viajando hacia el sur desde los Estados Unidos, se entra en la _____
   _____.

2. Esta carretera es una gran vía que une las _____ _____.

3. En Panamá la carretera se interrumpe por la _____.

4. Después de cruzar el canal de Panamá el viajero puede seguir al este para
   llegar a _____ o al oeste para llegar a _____.

F. EJERCICIO ORAL: REACCIONES Y EMOCIONES

Indique las reacciones o emociones del padre y de Juanito según las circunstancias
que se ven en los dibujos.

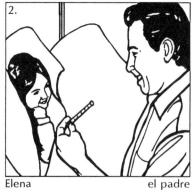
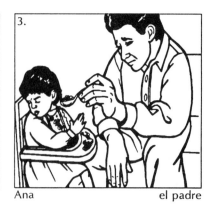

Elena · el padre Elena · el padre Ana · el padre

Ana   el padre   Juanito   Juanito

G. EJERCICIO ESCRITO: PREGUNTAS PARA USTED

Escriba las respuestas a las cinco preguntas. Cada pregunta es repetida dos veces.

1. _____
2. _____
3. _____
4. _____
5. _____

H. COMPRENSIÓN: NOTICIAS CULTURALES—**Ayuda en carretera**

Escuche la información que sigue.

· · · · · · · · ·

Al escuchar la información otra vez, complete las declaraciones que siguen.

· · · · · · · · ·

1. "¡Buenos días, señor/señorita! ¿Necesita ayuda?" son palabras de salvación para personas cuando su coche no _____.

2. El servicio ayuda a los vehículos con problemas en las _____ españolas.

3. El servicio cuenta con mecánicos que pueden _____ el coche.

4. Los empleados de SEAT son _____ expertos en todo tipo de autómoviles.

I. EJERCICIO ORAL: LAS DIRECCIONES

El señor Gómez no conoce bien la ciudad. Según el mapa de la ciudad, usted le
da direcciones.

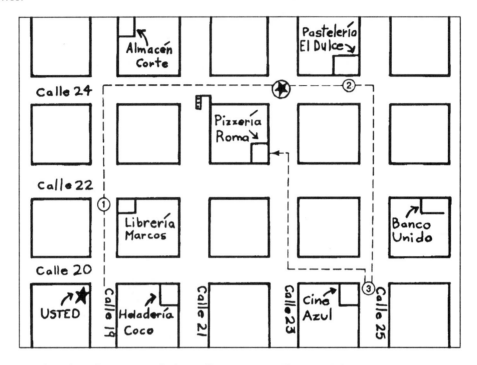

Ejemplo   Usted está en la esquina de las calles 19 y 20. El señor Gómez quiere
ir a la Librería Marcos.

¿Usted le dice: "Siga recto una cuadra" o "Siga recto dos cuadras"?

(usted le dice)   **Siga recto una cuadra.**

¿Usted le dice: "La librería está a la derecha" o "La librería está a la izquierda"?

(usted le dice)   **La librería está a la derecha.**

J. EJERCICIO ORAL: INSTRUCCIONES EN LA ESTACIÓN DE SERVICIO

Usted está en la estación de servicio. Conteste al empleado o a la empleada
para decirle lo que usted quiere que haga.

Ejemplo   ¿Quiere que revise el aceite?

(usted responde)   **Sí, revíselo, por favor.**

En una ocasión diferente, usted le pide al empleado o a la empleada que **no**
haga las cosas indicadas.

Ejemplo   ¿Quiere que revise el aceite?

(usted responde)   **No, no lo revise hoy.**

K. EJERCICIO ORAL: DÍGALES LO QUE DEBEN HACER

Según los dibujos, indique lo que las personas deben hacer. Use los mandatos **ustedes**.

Ejemplo

(usted les dice)　　¡**Laven el coche!**

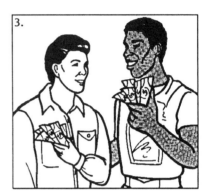

L. EJERCICIO ORAL: ¡HAGÁMOSLO!

Afirme lo que usted y sus amigos quieren hacer un sábado. Use el mandato **nosotros**.

Ejemplo　　¿Vamos a hacer un viaje?

　　　　　　(usted responde)　　**Sí, hagamos un viaje.**

M. COMPRENSIÓN: PANORAMA CULTURAL—**Las Antillas**

Escuche la información que sigue.

· · · · · · · · ·

Escuche la información otra vez. Conteste las preguntas que siguen.

· · · · · · · · ·

1. ¿Cómo nombró Cristóbal Colón la isla donde desembarcó?

   _____

2. ¿Qué países hoy ocupan esta isla?

   _____

3. ¿Cuáles son los tres países de Las Antillas Mayores donde se habla español?

   _____

4. ¿En qué se basaba la economía de estas islas?

   _____

Manual de laboratorio: Capítulo Once

A. EJERCICIO ORAL: VOCABULARIO—En el aeropuerto

Conteste las preguntas según los dibujos. Siga los números. Repita la respuesta correcta.

B. COMPRENSIÓN: CONVERSACIÓN—¡El vuelo está para salir!

Pedro llega tarde al aeropuerto. Quiere facturar su equipaje pero el equipaje de
su vuelo está ya todo facturado. La conversación es entre Pedro y el agente.

Escuche la conversación que sigue.

· · · · · · · ·

Escuche la conversación otra vez. Indique con una "X" si la respuesta a cada
pregunta es **sí** o **no**.

· · · · · · · ·

Sí	No	
_____	_____	1. ¿Es 601 el número del vuelo?
_____	_____	2. ¿Sale este vuelo para Miami?
_____	_____	3. ¿Está todo el equipaje a bordo del avión?
_____	_____	4. ¿Es posible que el pasajero salga en este vuelo?
_____	_____	5. ¿Puede llevar su equipaje?

C. EJERCICIO ORAL: ¿LO DUDA USTED?

Usted está en el aeropuerto. Indique que usted duda lo que la persona le dice.

Ejemplo   El avión llega pronto.

(usted responde)   **Dudo que llegue pronto.**

D. EJERCICIO ORAL: LO QUE DEBE HACER

Según los dibujos, indique lo que debe hacer Esteban. Use las expresiones impersonales.

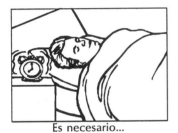

Es necesario...

Ejemplo

(usted responde)   **Es necesario que se levante.**

Es urgente...

Es mejor...

Es importante...

Es urgente...

Es necessario...

Es mejor...

E. EJERCICIO ESCRITO: EN MI VIDA

Complete las cinco oraciones para indicar lo que es necesario, etc. en su vida.

Ejemplo   Es importante que yo...

(posible respuesta)   **Es importante que yo reciba buenas notas,** etc.

1. _____
2. _____
3. _____
4. _____
5. _____

F. COMPRENSIÓN: NOTICIAS CULTURALES—**Compañías aéreas internacionales**

Escuche la información que sigue.

· · · · · · · · ·

Al escuchar la información otra vez, complete las declaraciones que siguen.

· · · · · · · · ·

1. El tránsito transoceánico cuenta hoy con el _____ como el principal medio de transporte.
2. La velocidad adquirida en los veinte últimos años es alucinante en comparación con la mobilidad ofrecida previamente por el _____, el omnibus y el _____.
3. Antes, sólo países como los Estados Unidos, etc. contaban con _____ _____ internacionales.
4. Hoy los países latinoamericanos y España cuentan con compañías aéreas cuyos aviones viajan de _____ a _____.

G. EJERCICIO ORAL: NO LO CREEN

Alguien ha robado algo de la residencia de estudiantes. Indique que la policía **no cree** que las personas mencionadas lo **hayan hecho.**

Ejemplo   yo

(usted responde)   **No cree que yo lo haya hecho.**

H. EJERCICIO ORAL: MI REACCIÓN

Según los dibujos, indique si usted **se alegra que** o **siente que** las situaciones **hayan ocurrido.**

Ejemplo   Martín se ha roto la pierna.

(usted responde)   **Siento que se haya roto la pierna.**

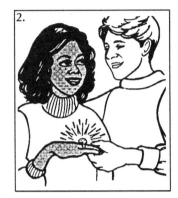

I. EJERCICIO ORAL: VOCABULARIO—**En la estación de ferrocarril**

Conteste las preguntas según el dibujo. Repita la respuesta correcta.

J. COMPRENSIÓN: NOTICIAS CULTURALES—**Un viaje en tren, ¿de primera o de segunda clase?**

Escuche la información que sigue.

. . . .

Al escuchar la información otra vez, complete las declaraciones que siguen.

. . . .

1. Un viaje en tren de _____ _____ en cualquier parte del mundo es bastante universal.
2. Viajar en tren de _____ o de _____ clase tiene un sabor diferente.
3. Los trenes llevan cargas de _____ y _____ por igual.
4. Como el tren cubre grandes distancias, el viajero se prepara de antemano y lleva su _____ y su _____.

K. EJERCICIO ORAL: ¿QUÉ LE DICE LA MADRE?

Según los dibujos, indique lo que la madre le dice a Juanito (o al perro) que haga.

Ejemplo   ¿Qué le dice la madre a Juanito?

(usted responde)   **Le dice: "Acuéstate".**

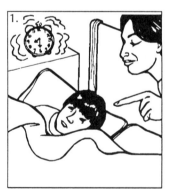
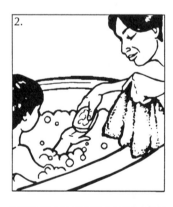
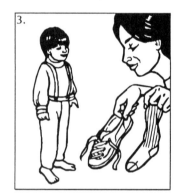

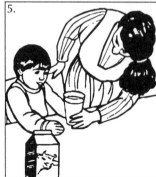

L. EJERCICIO ORAL: ¡NO LO HAGAS!

Su amigo indica que quiere hacer ciertas cosas. Dígale que no las haga.

Ejemplo   Quiero hacerlo.

(usted responde)   **No lo hagas.**

M. COMPRENSIÓN: PANORAMA CULTURAL—**Colombia y Venezuela**

Escuche la información que sigue.

. . . .

Escuche la información otra vez. Conteste las preguntas que siguen.

. . . .

1. ¿Qué océanos bañan las costas colombianas?

   _____

2. ¿Qué islas famosas coronan el norte de Venezuela?

   _____

3. ¿Qué línea pasa por el sur de Colombia?

   _____

4. ¿Dónde les gusta a los venezolanos acampar?

   _____

5. ¿En qué parte de Venezuela se encuentran tribus en estado natural?

   _____

Manual de laboratorio: Capítulo Doce

A. EJERCICIO ORAL: VOCABULARIO—**En el hotel**

Conteste las preguntas según los dibujos. Siga los números. Repita la respuesta correcta.

B. COMPRENSIÓN: CONVERSACIÓN—**Aurora y Anselmo en el** **"Hotel Cisne Negro"**

Aurora y Anselmo, de luna de miel, hablan con el recepcionista del "Hotel Cisne Negro".

Escuche la conversación que sigue.

. . . .

Escuche la conversación otra vez. Indique con una "X" si la respuesta a cada pregunta es **sí** o **no**.

. . . .

Sí   **No**

_____   _____   1. ¿Quieren pasar Anselmo y Aurora una semana en el hotel?

_____   _____   2. ¿Quieren un cuarto con camas individuales?

_____   _____   3. ¿Desean un cuarto que tenga vista a las montañas?

_____   _____   4. ¿Tiene el cuarto una bañera en forma de corazón?

C. EJERCICIO ORAL: LAS PERSONAS EN EL HOTEL

Indique cómo eran algunos de los empleados, etc. del hotel.

Ejemplo   ¿Todos los porteros eran corteses?

(usted responde)   **No. Sólo algunos eran corteses.**

D. EJERCICIO ORAL: ¿DÓNDE ESTÁN LAS PERSONAS?

Conteste para indicar que no hay ninguna persona en los lugares indicados.

Ejemplo   ¿Hay algunas personas en el vestíbulo?

(usted responde)   **No, no hay ninguna persona allí.**

E. COMPRENSIÓN: NOTICIAS CULTURALES—**Acomodaciones históricas y pintorescas**

Escuche la información que sigue.

. . . .

Al escuchar la información otra vez, complete las declaraciones que siguen.

. . . .

1. En el mundo hispano existen tipos diferentes de alojamiento que tienen un sabor _____ del lugar adonde se viaja.
2. En Venezuela existe Los Frailes, un antiguo _____ convertido en hotel pintoresco.
3. En España, para preservar el patrimonio histórico, las autoridades convirtieron _____, _____ y monasterios en hoteles elegantes.
4. Estos hoteles se llaman "_____ _____".

F. EJERCICIO ORAL: ¿HAY ALGUIEN AQUÍ?

Su amigo necesita ayuda. Hágales preguntas a sus amigos para ver quién puede ayudar.

Ejemplo   No puedo llevar la maleta.

(usted pregunta)   **¿Hay alguien aquí que pueda llevarla?**

G. EJERCICIO ORAL: NO CONOZCO A NADIE

Indique que, en contraste con su amiga, usted no conoce a nadie de esa descripción.

Ejemplo   Conozco a alguien que tiene una motocicleta.

(usted responde)   **Pues, no conozco a nadie que tenga una motocicleta.**

H. EJERCICIO ESCRITO: PREGUNTAS PARA USTED

Escriba las respuestas a las cuatro preguntas. Cada pregunta es repetida dos veces.

1. _____
2. _____
3. _____
4. _____

I. COMPRENSIÓN: NOTICIAS CULTURALES—**Pensiones y habitaciones de alquiler**

Escuche la información que sigue.

· · · · · · · · ·

Al escuchar la información otra vez, complete las declaraciones que siguen.

· · · · · · · · ·

1. Las _____ y _____ de alquiler son otros lugares de alojamiento bastante _____.
2. Las pensiones son hoteles muy modestos, generalmente sin _____ _____.
3. Las habitaciones se encuentran en casas particulares donde una familia tiene algunos _____ para alquilar.
4. Normalmente el huésped comparte el _____ y la _____ con los miembros de la familia.

J. EJERCICIO ORAL: SON MUY SIMILARES

Según los dibujos, haga comparaciones de igualdad.

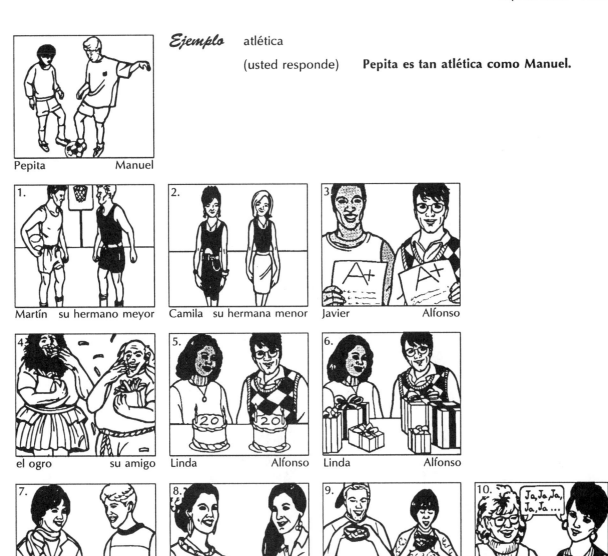

Ejemplo atlética

(usted responde) **Pepita es tan atlética como Manuel.**

Pepita   Manuel

1. Martín   su hermano meyor

2. Camila   su hermana menor

3. Javier   Alfonso

4. el ogro   su amigo

5. Linda   Alfonso

6. Linda   Alfonso

7. la profesora Andrade / Manuel

8. Inés   Natalia

9. Esteban   Pepita

10. Carmen   Camila

K. EJERCICIO ORAL: ¡SON DIFERENTES!

Según las diferencias evidentes en el dibujo (y según las indicaciones) haga comparaciones entre los dos hoteles y entre Esteban y Alfonso.

L. EJERCICIO ORAL: ¡NO SON IGUALES!

Haga comparaciones según las diferencias evidentes en los dibujos. Siga el ejemplo.

Ejemplo   El Hotel Mar es caro.
El Hotel Rey...

(usted responde)   **El Hotel Rey es más caro.**
El Hotel Oro...

(usted responde)   **El Hotel Oro es el más caro de los tres.**

M. COMPRENSIÓN: PANORAMA CULTURAL—**Los países andinos—el Perú, Bolivia, y el Ecuador**

Escuche la información que sigue.

. . . .

Escuche la información otra vez. Conteste las preguntas que siguen.

. . . .

1. ¿Cuáles son los tres países que se encuentran al entrar en el continente sudamericano a través de Colombia y Venezuela?

_____

2. ¿Qué civilización indígena cubría esta extensión de tres mil millas?

_____

3. ¿En qué montañas están situados estos países?

_____

4. ¿Qué lago famoso se encuentra en esta región?

_____

5. ¿Cuál es un testigo del poder y de los adelantos de la civilización incaica?

_____

Manual de laboratorio: Capítulo Trece

A. EJERCICIO ORAL: VOCABULARIO—**La comunicación—el correo y las llamadas telefónicas**

Conteste las preguntas según los dibujos. Siga los números. Repita la respuesta correcta.

B. COMPRENSION: NOTICIAS CULTURALES–**Contestando el teléfono**

Escuche la información que sigue.

· · · · · · · · ·

Al escuchar la información otra vez, complete las declaraciones que siguen.

· · · · · · · · ·

1. Dependiendo del país, hay varias formas de _____ el teléfono cuando se recibe una llamada.
2. En España la palabra que se oye con frecuencia es "_____" o "_____".
3. En la Argentina se dice "Hable" o "_____", una versión del inglés "Hello".
4. Los cubanos frecuentemente dicen "_____" para indicar que están preparados para oír el mensaje.

C. COMPRENSIÓN: CONVERSACIÓN—**Violeta va a la casa de correos**

Violeta Otero quiere enviar varias cosas a su novio que está en el Perú. Ella habla con el empleado en la casa de correos.

Escuche la conversación que sigue.

. . . .

Escuche la conversación otra vez. Indique con una "X" si la respuesta a cada pregunta es **sí** o **no**.

. . . .

Sí   **No**

_____ _____ 1. ¿Está Violeta separada de su novio?
_____ _____ 2. Para Violeta, ¿es importante mantener la comunicación?
_____ _____ 3. ¿Desea Violeta mandar el paquete certificado?
_____ _____ 4. Para mandar todas las cosas, ¿cuesta veinte y siete dólares con veinte centavos?

D. EJERCICIO ORAL: CONDICIONES

Nos vamos a Sudamérica con tal que ciertas cosas ocurran.

Ejemplo   tener el dinero

(usted responde)   **Nos vamos con tal que tengamos el dinero.**

E. EJERCICIO ORAL: LA MALETA DE ALFONSO

Alfonso va a hacer un viaje también. ¿Por qué lleva las cosas indicadas en los dibujos?

en caso de que

Ejemplo   ¿Por qué lleva el diccionario?

(usted responde)   **Lo lleva en caso de que no sepa algunas palabras.**

en caso de que

F. COMPRENSIÓN: NOTICIAS CULTURALES—**Fórmulas de cortesía en cartas**

Escuche la información que sigue.

. . . .

Al escuchar la información otra vez, complete las declaraciones que siguen.

. . . .

1. Al escribir cartas comerciales o particulares, las fórmulas de _____ son muy importantes.

2. En las cartas particulares o _____ siempre hay más libertad.

3. En éstas la introducción refleja el grado de amistad entre las personas; por ejemplo, "_____ familia".

4. En las cartas comerciales se muestra más rigor en la introducción; por ejemplo, "_____ señora" o "Muy señor mío".

G. EJERCICIO ORAL: ¿ME ESCRIBIRÁS?

Su amiga hará un viaje a El Ecuador. Usted tiene muchas preguntas para ella.

Ejemplo   llamarme

      (usted pregunta)   **¿Me llamarás?**

H. EJERCICIO ORAL: EN EL FUTURO

Su amiga tiene muchas preguntas para usted. Contéstelas usando el tiempo futuro.

Ejemplo   ¿Vas a visitar a tus abuelos?

      (usted responde)   **Sí, los visitaré.**

I. EJERCICIO ESCRITO: PREGUNTAS PARA USTED

Escriba las respuestas a las cuatro preguntas. Cada pregunta es repetida dos veces.

1. _____
2. _____
3. _____
4. _____

J. EJERCICIO ORAL: EXCUSAS

Dígale a su amigo o amiga que usted saldrá con él o con ella cuando ocurran ciertas cosas.

Ejemplo   tener la oportunidad

      (usted responde)   **Saldré contigo cuando tenga la oportunidad.**

K. EJERCICIO ORAL: ¿CUÁNDO SALDRÁN?

La familia se va de vacaciones. Según los dibujos, ¿cuándo saldrán?

la madre

Ejemplo   tan pronto como

      (usted responde)   **Saldrán tan pronto como la madre prepare los sandwiches.**

1. la abuela

2. el padre

3. Juanito

4. ¿Tía Elisa?
   Elena

5. la madre

6. el abuelo

L. COMPRENSIÓN: PANORAMA CULTURAL—Los países del Cono Sur: Chile, la Argentina, el Uruguay y el Paraguay

Escuche la información que sigue.

. . . .

Escuche la información otra vez. Conteste las preguntas que siguen.

. . . .

1. ¿Qué forman Chile, la Argentina, el Uruguay y el Paraguay?

2. Después del Brasil, ¿cuál es el país más grande de Sudamérica?

3. ¿Qué capital es llamada el "París de las Américas"?

4. ¿Cuál es el país más pequeño de Sudamérica?

5. ¿Qué país está hoy en día a la cabeza en la producción de energía hidroeléctrica?

Manual de laboratorio: Capítulo Catorce

A. EJERCICIO ORAL: VOCABULARIO—El mundo de hoy

Conteste las preguntas según los dibujos. Siga los números. Repita la respuesta
correcta.

B. COMPRENSIÓN: CONVERSACIÓN—**El medio ambiente**

Varios estudiantes están conversando en la cafetería de una universidad hispana.

Escuche la conversación que sigue.

· · · · · · · ·

Escuche la conversación otra vez. Indique con una "X" si la respuesta a cada pregunta es **sí** o **no**.

· · · · · · · ·

Sí   **No**

_____ _____ 1. ¿Están hablando los estudiantes de sus problemas académicos?

_____ _____ 2. ¿Cree José que los ambientalistas quieren asustarlos?

_____ _____ 3. ¿Cree Julia que el problema de la contaminación del aire es serio?

_____ _____ 4. Según Rosa, ¿vamos a quedarnos sin recursos forestales?

_____ _____ 5. ¿Cree José que simplemente hablar de los problemas es una solución?

C. EJERCICIO ORAL: ¿QUÉ HARÍAN?

Indique lo que las personas harían si ganaran la lotería.

Ejemplo   yo/comprarme un coche nuevo

(usted responde)   **Me compraría un coche nuevo.**

D. EJERCICIO ORAL: MIS PADRES INSISTÍAN

¿Qué insistían sus padres?

Ejemplo   Insistían que yo trabajara. (tú)

(usted responde)   **Insistían que tú trabajaras.**

E. EJERCICIO ORAL: ¿QUÉ MÁS QUERÍAN?

Indique las otras cosas que sus padres querían que usted hiciera.

Ejemplo   decir la verdad

(usted responde)   **Querían que dijera la verdad.**

F. EJERCICIO ORAL: LA MISIÓN DE NATALIA

Natalia, quien trabaja de voluntaria en una clínica, decidió llevar medicinas a Los Nevados, un pueblo remoto en los Andes. Según los dibujos, indique lo que **era necesario** que ella **hiciera**.

Ejemplo   llevar

(usted responde)   **Era necesario que llevara su mochila, la medicina y la comida.**

G. EJERCICIO ESCRITO: PREGUNTAS PARA USTED

Escriba las respuestas a las cuatro preguntas. Cada pregunta es repetida dos veces.

1. _____
2. _____
3. _____
4. _____

H. COMPRENSIÓN: NOTICIAS CULTURALES—**Manifestaciones estudiantiles**

Escuche la información que sigue.

· · · · · · · · ·

Al escuchar la información otra vez, complete las declaraciones que siguen.

· · · · · · · · ·

1. Los estudiantes hispanos viven muy sumergidos en los problemas _____ y _____ que afectan a su país.
2. No es extraño encontrar a estudiantes en una _____ callejera protestando contra injusticias sociales, etc.
3. La universidad ha sido tradicionalmente un centro de _____ y además un centro _____.

4. En la universidad los intelectuales exponen no sólo sus ideas relativas a teorías y prácticas académicas sino sus ideas sociales o políticas conducentes a la _____ _____.

I. EJERCICIO ORAL: ESTARÍA MUY CONTENTO O CONTENTA

Indique las condiciones bajo las cuales usted estaría muy contento o contenta.

Ejemplo   recibir una "A"

(usted responde)   **Estaría muy contento** (o) **contenta si recibiera una "A".**

J. EJERCICIO ORAL: LA FANTASÍA

Según los dibujos, indique lo que usted haría bajo las circunstancias indicadas.

Ejemplo   estar en la selva

(usted responde)   **Si estuviera en la selva...**

tener miedo

(usted responde)   **...tendría miedo de la serpiente.**

   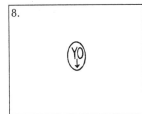

K. EJERCICIO ESCRITO: PREGUNTAS PARA USTED

Conteste las cuatro preguntas. Cada pregunta es repetida dos veces.

1. _____
2. _____
3. _____
4. _____

L. EJERCICIO ORAL: MÁS FANTASÍAS

Indique lo que usted espera o desea.

Ejemplo   no llover

(usted responde)   **Ojalá que no lloviera.**

M. EJERCICIO ORAL: ¿CÓMO ES?

Conteste las preguntas para describir a las personas indicadas. Use el superlativo
"**-ísimo**" para dar énfasis a su descripción.

Ejemplo   ¿Cómo es el novio de Susana? (guapo)

(usted responde)   **Es guapísimo.**

N. COMPRENSIÓN: PANORAMA CULTURAL—**Nuestro mundo**

Escuche la información que sigue.

. . . .

Escuche la información otra vez. Conteste las preguntas que siguen.

. . . .

1. ¿Quién es Jacques Cousteau?

_____

2. ¿Por qué dice Jacques Cousteau que "el Atlántico se está muriendo"?

_____

3. ¿Piensa Jacques Cousteau que en el futuro podremos vivir en el fondo del
   mar?

_____

4. ¿Qué han hecho grupos de hombres para demostrar que el mar es habitable?

_____

5. ¿Le gustaría a usted pasar una semana al fondo del mar?

_____

Answer Key
to
Integración: ejercicios escritos

Capítulo Uno

1.1 1. ¿Cómo se llama usted? 2. ¿Cómo te llamas? 3. Me llamo... 4. Permítame presentarle a Mona. 5. Quiero presentarte a Mona. 6. Mucho gusto. 7. El gusto es mío. (Igualmente.)

1.2 1. Yo 2. Ella 3. Él 4. Ellas 5. Ellos 6. Nosotros (Nosotras)

1.3 1. (a) ¿De dónde es la profesora Guzmán? (b) Es de España. 2. (a) ¿De dónde es Alfonso? (b) Es de Nuevo México. 3. (a) ¿De dónde son Rosa y Camila? (b) Son de Texas. 4. (a) ¿De dónde eres tú? (b) Soy de Arizona.

1.4 1. Buenos días, señora Gutiérrez. 2. Buenos días, señor Gutiérrez. 3. ¿Cómo está usted? 4. Hola, Lisa. 5. ¿Cómo estás? (¿Qué tal?) (¿Cómo te va?) 6. Muchas gracias. 7. Sí, por favor. 8. No, gracias. 9. Perdón. 10. Perdón. 11. Adiós. (Chao.) 12. Con permiso.

1.5 1. ventana 2. libro 3. bolígrafo 4. pregunta 5. palabra 6. respuesta 7. pizarra 8. tiza 9. silla 10. lección

1.6 1. unas, unos, una, un 2. las, la, las, el, la, los

1.7 1. los exámenes 2. los papeles 3. las notas 4. las respuestas 5. los cuadernos 6. las oraciones

1.8 1. Voy a la clase de español. 2. Carlos va al centro estudiantil. 3. Lisa y Tere van a la librería. 4. Víctor, ¿vas a la oficina del profesor? 5. No vamos a casa.

1.9 1. Leti va a la clase de español los lunes, los miércoles y los viernes. 2. Va al laboratorio de química el jueves. 3. Va a la clase de música y a la biblioteca el martes. 4. Va al parque con Óscar el domingo. 5. Va al gimnasio y a la fiesta el sábado.

1.10 1. un dólar veinticinco (veinte y cinco) centavos 2. tres dólares treinta centavos 3. quince dólares 4. nueve dólares veinte centavos 5. dieciocho (diez y ocho) dólares 6. veintisiete (veinte y siete) dólares 7. Dieciséis (diez y seis) dólares.

1.11 1. Son las tres y media de la mañana. 2. Son las ocho y diez de la mañana. 3. Es la una menos cuarto de la tarde. 4. Son las doce menos diez de la noche.

1.12 1. El drama es a las ocho y media. 2. El concierto es a las nueve. 3. El baile flamenco es a las siete.

1.13 1. Me llamo... 2. Soy de... 3. Muy bien, gracias, etc. 4. Voy a la clase de español los lunes, los miércoles y los viernes, etc. 5. La clase es a las once y media, etc. 6. Son las ocho de la noche, etc.

Capítulo Dos

2.1 1. abuelo 2. abuela 3. tío 4. tía 5. hermano 6. hermana 7. primo 8. prima 9. familia 10. padres 11. novia 12. esposo

2.2 1. Es camarera. 2. Es médica o enfermera. 3. Es hombre de negocios. 4. Es ingeniero. 5. Es dependienta. 6. Es ama de casa. 7. Es abogada.

2.3 1. ¡No, no es indecente! 2. ¡No, no es inmoral! 3. ¡No, no es ignorante! 4. ¡No, no es arrogante! 5. ¡No, no es irresponsable! 6. ¡No, no es cruel!

2.4   1. Es flaco.   2. Son guapos.   3. Soy rico(a).   4. Es inteligente.   5. Es diligente.
    6. Es alta.   7. Son fuertes.   8. Es simpático.   9. Es viejo.   10. Son pequeñas.
    11. Son fáciles.   12. Son buenos.

2.5   1. Ana es una estudiante (alumna) seria.   2. Teresa y Ana son inteligentes y jóvenes.
    3. ¡Pepe y yo no somos perezosos!

2.6   1. Es francés.   2. Son japoneses.   3. Es española.   4. Son inglesas.

2.7   1. están   2. estoy   3. está   4. están   5. estamos   6. estás

2.8   1. Ella está contenta.   2. Los estudiantes están preocupados y nerviosos.
    3. La profesora está enojada.   4. Los estudiantes están aburridos.   5. Él está
enfermo.   6. Él está mal.   7. Ellos están tristes.

2.9   1. están   2. son   3. es   4. está   5. es   6. es   7. es   8. está   9. es
    10. está, está

2.10   1. Mi clase de historia es aburrida.   2. Los estudiantes están cansados y aburridos.
    3. El profesor Rojas es de Venezuela.   4. Es un profesor bueno (un buen profesor).
    5. Está en casa.   6. No está bien.

2.11   1. sesenta y nueve   2. cincuenta y cinco   3. setenta y cuatro   4. ochenta y uno
    5. cien   6. noventa y dos   7. noventa

2.12   1. tengo   2. tiene   3. tenemos   4. tienen   5. Tienes   6. tienen

2.13   1. Mi hermana mayor tiene veintiún (veinte y un) años.   2. Mi tío tiene cuarenta y cuatro
años.   3. Mi madre tiene treinta y ocho años.   4. Mi primo tiene quince años.

2.14   1. Mi madre es inteligente, bonita, etc.   2. Mi casa es grande, etc.   3. Mi casa está en la
ciudad (en el campo).   4. Los estudiantes son inteligentes, jóvenes, etc.   5. Sí, (No, no)
estoy cansado(a)/aburrido(a)/triste.   6. Tengo...años.   7. Mi padre tiene...años. Mi abuelo
tiene...años.

2.15   **Una descripción** (The concluding exercise in every chapter is designed for your creative expression. No answer key is provided.)

Capítulo Tres

3.1   1. queso   2. tocino, jamón, salchicha   3. pollo   4. langosta   5. pescado
    6. lechuga, tomate, cebolla   7. patatas (papas)   8. maíz   9. arroz   10. frijoles
    11. limón   12. manzana   13. naranja   14. piña   15. uvas   16. durazno
    17. bananas (plátanos)   18. sandía   19. fresa, cereza

3.2   1. toma, tomo, tomamos   2. aprende, aprendo, aprendemos   3. escribe, escribo,
escribimos   4. trabaja, trabajo, trabajamos   5. estudia, estudio, estudiamos   6. asiste,
asisto, asistimos   7. come, como, comemos   8. vive, vivo, vivimos

3.3   1. Sí, (No, no) llego a la clase de español a tiempo todos los días.   2. Sí, (No, no) necesito
estudiar mucho.   3. Sí, (No, no) deseo estudiar todas las noches.   4. Sí, (No, no) voy al
mercado con frecuencia.   5. Sí, (No, no) compro muchos refrescos allí.   6. Sí, (No, no)
bebo un refresco casi todos los días.   7. Vivimos en una residencia de estudiantes (en un
apartamento).   8. Comemos en la cafetería (en el apartamento).   9. Sí, (No, no) estudiamos
en la biblioteca con frecuencia.   10. Sí, (No, no) hablamos en español a veces.

3.4   1. Leo, ¿asistes a la Universidad de Trinity?   2. Victoria y Diana viven en San Antonio.
    3. Hablan español todos los días.   4. Quieren estudiar en Guadalajara.

3.5   1. mañana   2. más tarde   3. toda la noche   4. por la mañana, por la tarde
    5. temprano, a tiempo   6. esta noche   7. los días

3.6 1. desayuno   2. el almuerzo   3. cena   4. ensalada   5. vinagre   6. fritas
7. pimienta   8. mermelada   9. azúcar   10. vino   11. frío   12. bebidas
13. postres

3.7 1. ¿Dónde está?   2. ¿De dónde es?   3. ¿Qué es?   4. ¿Cuándo llega?   5. ¿Cómo
es?   6. ¿Cuántos hijos tiene?   7. ¿Cuál es su ciudad favorita?

3.8 1. ¿Cuántos hermanos o hermanas tienes? Tengo dos hermanos y una hermana, etc.
2. ¿Dónde trabajas? Trabajo en Pizza Hut, etc.   3. ¿Qué días asistes a la clase de español?
Asisto a la clase de español los lunes, los miércoles y los viernes, etc.   4. ¿Adónde vas
normalmente después de la clase de español? Voy a la cafetería, etc.   5. ¿Cuándo estudias?
Estudio por la noche, etc.

3.9 1. ...me gustan las galletas   2. A Carmen le gustan las bananas y le gusta el jugo de naranja.
3. A José y a Raúl les gusta la Coca-Cola y les gustan los perros calientes.

3.10 1. Juan, ¿te gusta comer aquí?   2. A Carlos le gustan los postres.   3. Me gusta la torta de
chocolate.   4. No nos gusta el café.

3.11 1. Mi clase favorita es la clase de español.   2. Necesito estudiar la biología, etc.
3. Me gusta estudiar en la residencia (en la biblioteca).   4. Normalmente estudio tres horas,
etc.   5. Cuando tengo mucha hambre, como una hamburguesa, etc.   6. Cuando tengo
mucha sed, bebo agua fría, etc.   7. Me gusta comer huevos fritos, tocino, etc.   8. Deseo ir a
la playa, etc.   9. Sí, (No, no) nos gusta asistir a los conciertos de música "rock".

3.12 **¡Usted es el (la) artista!** (You are on your own!)

Capítulo Cuatro

4.1 1. orejas   2. ojos   3. boca   4. dientes   5. nariz   6. labios   7. brazos
8. piernas, pies   9. manos, dedos   10. cabeza   11. garganta   12. estómago
13. fumar   14. cocinar   15. bailar   16. llamar   17. manejar, conducir   18. nadar

4.2 1. Busco a Mario.   2. Llamo a su hermana todos los sábados.   3. Tina ama a José
4. José abraza a Tina todos los días.

4.3 1. hago, hacen   2. traduzco, traducen   3. veo, ven   4. oigo, oyen   5. pongo, ponen
6. doy, dan   7. salgo, salen

4.4 1. Yo conozco a María Luisa.   2. Yo sé su número de teléfono.   3. ¿Tú sabes dónde vive?
4. ¿Tú conoces bien esa parte de la ciudad?   5. Ella sabe bailar muy bien.   6. Ella también
sabe tocar el piano.

4.5 1. ¿Qué deportes juegan ustedes? Jugamos al tenis, etc.   2. ¿Qué quieren ustedes hacer esta
noche? Queremos mirar la televisión, etc.   3. ¿Cuándo pueden ustedes ir a un restaurante?
Podemos ir el sábado, etc.   4. En los restaurantes, ¿qué comida piden ustedes generalmente?
Pedimos bistec, patatas, etc.   5. ¿Qué bebidas prefieren ustedes? Preferimos leche, etc.
6. Por la noche, ¿cuántas horas duermen ustedes generalmente? Dormimos ocho horas, etc.

4.6 1. Sí, (No, no) vengo a la clase con la tarea preparada.   2. Sí, (No, no) digo "Buenos días,
profesor(a)".   3. Sí, (No, no) entiendo todo lo que dice el profesor (la profesora).   4. Sí, (No,
no) puedo contestar todas las preguntas.   5. Prefiero salir de la clase temprano (a tiempo).

4.7 1. Mario, ¿puedes cocinar? ¡Yo no puedo!   2. ¿Prefiere la señora Romero la comida mexicana
o la comida china?   3. No sé. ¿A qué hora viene ella?   4. No entiendo por qué ella no está
aquí.

4.8 1. Tiene que limpiar el cuarto.   2. Tiene que escribir la composición.   3. Tiene ganas de
jugar al tenis con Concha.   4. Tiene que ir al supermercado.   5. Tiene que llamar a la
farmacia.   6. Tiene ganas de llamar a Óscar.   7. Tiene ganas de ir al drama.

4.9 1. Tengo que estudiar, etc. 2. Debo ir a la biblioteca, etc. 3. Tengo ganas de ir a una fiesta, etc. 4. Prefiero ir a la playa, etc.

4.10 1. Yo voy a escuchar la radio. 2. Esteban va a comer un sandwich. 3. Natalia va a leer un libro. 4. Linda y Manuel van a mirar la televisión. 5. Rubén va a tocar la guitarra. 6. Mario y Alfonso van a jugar al voleibol. 7. Martín y yo vamos a esquiar.

4.11 1. El voleibol es de mi hermano. 2. La raqueta de tenis es de mi madre. 3. Los clubes de golf son de mi padre. 4. ¿De quién son los esquíes? 5. ¿De quién es la radio? 6. ¿De quién son los cassettes?

4.12 1. ¿Dónde están mis cuadernos? 2. ¿Dónde está su suéter? 3. ¿Dónde están sus manuales de laboratorio? 4. ¿Dónde está tu calculadora? 5. ¿Dónde está nuestra tarea?

4.13 1. Salgo a las ocho, etc. 2. Conozco a... muy bien. 3. Sí, (No, no) sé tocar un instrumento musical. 4. Estudio, etc. 5. Prefiero dormir tarde, etc. 6. No quiero contestar las preguntas, etc. 7. Puedo bailar, etc. 8. Tengo que limpiar el cuarto, etc. 9. Tenemos ganas de comer en un restaurante, etc. 10. Voy a descansar, etc.

Capítulo Cinco

5.1 1. camisa 2. calcetines 3. corbata 4. zapatos 5. sombrero, gorra 6. guantes 7. abrigo 8. pantalones cortos, camiseta 9. traje de baño 10. gafas (anteojos), lentes de contacto 11. reloj 12. anillos 13. largas 14. sucios 15. caros 16. azul 17. blanco 18. rosado 19. gris 20. rojas; verdes, moradas; amarillos

5.2 1. esta, ésa 2. estos, ésos 3. este, ése 4. estas, ésas

5.3 1. Susana va a llevar este suéter, pero yo prefiero ése. 2. Aquella chaqueta es de Lisa. 3. ¿Qué es esto? No sé.

5.4 1. Sí, es mío. 2. Sí, son mías. 3. Sí, es suya. 4. Sí, es suya. 5. Sí, son nuestras. 6. Sí, son nuestros.

5.5 1. Una amiga mía lleva mi chaqueta. 2. ¿De quién es este paraguas azul? 3. No es mío. Es de Anita.

5.6 1. Hace frío. 2. Hace calor. 3. Hace buen tiempo. 4. Hace mal tiempo. 5. Hace fresco. 6. Hace sol. 7. Llueve 8. Nieva 9. nublado

5.7 1. mil doscientos 2. setecientos veinte 3. quinientos cuatro 4. trescientos cincuenta 5. novecientos sesenta 6. seiscientos noventa 7. cuatro mil cuatrocientos veinticuatro (veinte y cuatro) 8. setenta y cinco

5.8 1. enero, febrero 2. abril, mayo 3. julio, agosto 4. octubre, noviembre

5.9 1. el cuatro de julio de mil setecientos setenta y seis 2. el siete de diciembre de mil novecientos cuarenta y uno 3. el nueve de abril de mil ochocientos sesenta y cinco 4. el veinte de julio de mil novecientos sesenta y nueve

5.10 1. Hace tres meses que llevo lentes de contacto. 2. Hace dos días que Miguel lleva esos calcetines. 3. Hace un año que Marta y yo trabajamos en la tienda de ropa.

5.11 1. Ana, ¿cuánto tiempo hace que estás aquí? 2. Hace media hora que estamos aquí. 3. Hace quince minutos que Martín y Eva bailan.

5.12 1. Mis padres están limpiando la casa ahora. 2. Mi hermano está escuchando la radio ahora. 3. Mi hermana está comprando (mucha) ropa ahora. 4. Yo estoy escribiendo (todos) los ejercicios ahora. 5. El bebé está durmiendo ahora. 6. Nosotros estamos leyendo ahora.

5.13 1. Hace buen tiempo, etc. 2. Mi estación favorita es la primavera, etc. 3. Hoy es el (día) de (mes). 4. Hace quince minutos, etc. que escribo estos ejercicios. 5. Este bolígrafo es mío.   6. Están estudiando, están mirando la televisión, etc.   7. Están hablando, están bailando, etc.

Capítulo Seis

6.1   1. plaza   2. almacén   3. rascacielos   4. centro   5. joyería   6. zapatería
7. restaurante, café   8. periódicos, quiosco   9. cine, teatro   10. museo   11. iglesia
12. taxi, autobús   13. metro   14. avenidas

6.2   1. Pienso en mi familia, etc.   2. Pienso ir de compras, etc.   3. Pienso que es una película buena, etc.   4. Empiezan a las dos, etc. Terminan a las cuatro, etc.

6.3   1. ¿Dónde se venden zapatos de tenis? Se venden en la zapatería, etc.   2. ¿A qué hora se abren las tiendas? Se abren a las diez, etc.   3. ¿A qué hora se cierra el banco? Se cierra a las dos, etc.   4. ¿Dónde se compran libros? Se compran en la librería, etc.

6.4   1. volví, volvió, volvieron   2. pasé, pasó, pasaron   3. empecé, empezó, empezaron
4. jugué, jugó, jugaron   5. fui, fue, fueron   6. comí, comió, comieron   7. asistí, asistió, asistieron

6.5   1. Estudié anoche.   2. Salimos anoche.   3. Miramos la televisión anoche.   4. Escuché la radio anoche.   5. Cocinamos anoche.   6. Corrí anoche.   7. Fuimos de compras anoche.

6.6   1. ¿Qué película viste anoche? Vi la película "Terminator II", etc.   2. ¿Qué perdiste en el autobús? Perdí mi cartera, etc.   3. ¿Qué encontraste en el parque esta mañana? Encontré dos dólares, etc.   4. ¿Cuánto tiempo esperaste en el parque? Esperé media hora, etc.
5. ¿Cuándo devolviste los libros a la biblioteca? Devolví los libros ayer.   6. ¿A qué hora fuiste a la catedral? Fui a las once.

6.7   1. ¿Qué pasó ayer?   2. Visitamos el museo y fuimos al centro comercial.   3. Mónica, ¿compraste el vestido?   4. Vimos una película muy buena.   5. Nos gustó mucho.

6.8   1. El camarero repitió las especialidades del restaurante. Yo repetí el nombre del plato especial. Anita y Linda repitieron los nombres de los aperitivos.   2. Yo pedí el arroz con pollo. Anita pidió la paella. Tina y Susana pidieron camarones Alfredo.   3. Yo preferí la torta de chocolate. Tina prefirió el pastel de limón. Susana y Anita prefirieron el helado de fresa.   4. Yo dormí bien toda la noche. Anita no durmió bien. Tina y Susana durmieron hasta las diez de la mañana.

6.9   1. viajero   2. firmar   3. efectivo   4. cambio   5. depositar   6. cobrar   7. ganar, ahorrar   8. máquina de escribir   9. calculadora   10. computadoras

6.10   A.   1. depositarlos   2. cobrarlo   3. firmarlos   4. comprarlos   5. pagarla
B.   1. los depositó   2. lo cobró   3. los firmó   4. los compró   5. la pagó

6.11   1. Miguel, ¿te llamó María ayer?   2. ¿Devolvió los libros a la biblioteca?   3. Sí, los devolvió ayer.   4. Va a esperarnos en la parada de autobús.

6.12   1. No vi a nadie en el taxi.   2. Nadie compró las entradas para el museo.   3. No compré nada en el almacén.   4. No vamos a comprar nada en la joyería.

6.13   1. No veo a nadie en el banco.   2. Veo a alguien.   3. Tiene algo en su bolsa.   4. ¿Está contando el dinero?   5. ¡Nadie lo ve!

6.14   1. Sí, hay alguien (No, no hay nadie) en mi cuarto en este momento.   2. Dormí ocho horas, etc.   3. Salí de la residencia a las diez, etc.   4. Visité el museo, la catedral, etc.
5. Sí, (No, no) fui al museo de arte.   6. Sí, compré algo (No, no compré nada) en el almacén.   7. El almacén se cerró a las nueve, etc.   8. Sí, (No, no) los vi.

Capítulo Siete

7.1   1. caballo   2. vaca   3. cerdo   4. gallina   5. serpientes   6. pájaro   7. nubes
8. relámpagos   9. luna, estrellas   10. hierba   11. flores   12. árboles   13. selva
14. desierto   15. valle   16. ríos   17. peces   18. barco   19. océano, mar, arena
20. isla   21. saco de dormir   22. fuego   23. viaje

7.2   1. hice, hicieron   2. pusieron, puso   3. trajo, trajeron   4. anduve, anduvo   5. pudo,
pudimos   6. quiso, quisieron   7. estuve, estuvieron   8. tuve, tuvo

7.3   1. Tuvimos un examen ayer.   2. Trajimos comida a la clase la semana pasada.   3. Hicimos
la tarea anoche.   4. Nos dio un dictado anteayer.   5. Tradujo el poema ayer.   6. Estuvo
en su oficina esta mañana.

7.4   1. ¿Dónde estuviste anoche?   2. ¿Qué hiciste?   3. ¿Pudiste encontrar un taxi?
4. ¿Adónde fuiste?   5. ¿A qué hora tuviste que volver?

7.5   1. ¿Qué dijeron?   2. ¿Qué hicieron?   3. ¿Por qué trajeron los insectos a la clase?
4. ¿Dónde los pusieron?   5. ¡Los profesores supieron quién lo hizo!

7.6   1. ¿Cuándo empezaron a hacer los planes? Empezamos hace un mes.   2. ¿Cuándo compraron
las carpas? Las compramos hace tres semanas.   3. ¿Cuándo pidieron los sacos de dormir de
L. L. Bean? Los pedimos hace tres semanas.   4. ¿Cuándo salieron? Salimos hace dos
semanas.   5. ¿Cuándo volvieron? Volvimos hace cinco días.

7.7   1. Mi tía me dio un saco de dormir.   2. Les dio un barco de pesca.   3. Te dio una mochila.
4. Le dio una bicicleta.   5. Nos dio una carpa.

7.8   1. Le regalé una bolsa a mi amiga Linda.   2. Les mandé unos regalos a mis primos.   3. Le
mostré las fotos a mi tía.   4. Le devolví la cámara a mi padre.   5. Les conté mis aventuras a
mis abuelos.   6. Le traje un vestido a mi hermana.

7.9   1. Le fascinan las arañas.   2. Les encanta montar a caballo.   3. Nos molestan los
mosquitos.   4. Me interesan los insectos y la vegetación de la selva.   5. Le importa la
preservación de la naturaleza.

7.10   1. Mi padre me lo mandó.   2. Fernando me lo mostró.   3. Mónica me las explicó.
4. Mi hermana me la pidió.   5. Mi tío me los prestó.   6. Mi hermano me las trajo.

7.11   1. Va a regalárselo a Óscar.   2. Va a regalárselos a Elena y a Sonia.   3. Va a regalársela a
su hermanita.   4. Va a mostrárselas a sus abuelos.   5. Va a mostrárselo a la profesor Serra.
6. Va a devolvérsela a Juan.   7. Va a devolvérsela a su mamá.

7.12   1. Juanita, ¿quién te mandó las flores?   2. Alejandro me las dio.   3. ¿Vas a mostrárselas a
tus padres?

7.13   1. Probablemente   2. Generalmente   3. Frecuentemente   4. Normalmente
5. Comúnmente   6. fácilmente   7. inmediatamente   8. rápidamente

7.14   1. Estuve en la biblioteca, etc.   2. Estudié, etc.   3. Tuve que escribir una composición, etc.
4. Volví a casa hace dos semanas, etc.   5. Sí, (No, no) le conté unos incidentes de mi vida en
la universidad.   6. Sí, (No, no) se lo presté.   7. Me interesan la música, las películas, mis
clases, etc.   8. Me encanta bailar, tocar el piano, etc.

Capítulo Ocho

8.1   1. alcoba, recámara   2. cama   3. cómoda   4. estante   5. sala   6. sillón
7. cortinas   8. cuadros   9. alfombra   10. lámpara, luz   11. baño   12. jabón

13. toalla   14. cocina   15. estufa, fregadero   16. servilleta   17. tenedor, cuchara
18. taza, vaso, copa   19. vídeo   20. radiograbadora   21. escalera   22. garaje
23. vecinos

8.2   1. dormía   2. corríamos   3. jugábamos   4. preparaba   5. comían   6. miraba
7. veíamos   8. tomaban   9. íbamos   10. iban   11. era   12. eran

8.3   1. jugaba   2. subíamos   3. mirabas   4. hacían   5. podía   6. queríamos

8.4   1. alquilaba, alquiló   2. iba, fui   3. comíamos, comimos   4. subieron, subían
5. anduve, andaba

8.5   1. Era   2. Hacía   3. Eran   4. caminaba   5. Llevaba   6. Visitaba   7. llegó, abrió,
entró   8. estaba   9. Había   10. encendió   11. tenía   12. tuvo, salió

8.6   1. ¿Qué hacía allí el lobo?   2. ¿Dormía cuando la niña pequeña llegó?   3. ¿Iba a la casa de
su abuela todos los días?   4. ¿Qué hizo cuando vio el lobo?

8.7   1. al lado del sofá   2. detrás del sofá   3. encima de la mesa   4. enfrente de la ventana
5. entre los sillones

8.8   1. Anita, ¿está la tienda de vídeos lejos de o cerca de tu casa?   2. ¿Quieres venir a la tienda
conmigo?   3. En vez de alquilar el vídeo vamos a comprarlo.   4. Antes de comprarlo
queremos saber el precio.

8.9   1. Vamos al restaurante para comer.   2. Vamos al cine para ver una película.   3. Vamos al
parque para caminar, etc.   4. Vamos a la biblioteca para leer, etc.   5. Vamos al bar para
tomar una bebida.

8.10   1. Va a la tortillería por tortillas. Las tortillas son para la tía Elisa.   2. Va a la pastelería por
pasteles. Los pasteles son para la vecina.   3. Va a la chocolatería por chocolates. Los
chocolates son para Óscar.   4. Va a la frutería por fruta. La fruta es para su abuela.
5. Va a la lechería por leche. La leche es para su mamá.   6. ...le dijo: "Gracias por las
tortillas."   7. ...le dijo: "Gracias por los pasteles."   8. ...le dijo: "Gracias por los
chocolates."   9. ...le dijo: "Gracias por la fruta."   10. ...le dijo: "Gracias por la leche."

8.11   1. por   2. para   3. por   4. por   5. por   6. para   7. para   8. por   9. para
10. por, para

8.12   1. Leía, miraba la televisión, etc.   2. Iba a la playa, dormía mucho, etc.   3. Hablaba por
teléfono, etc. en vez de estudiar.   4. Bailábamos, escuchábamos la música, etc.
5. Hablábamos, etc.   6. Fuimos allí para hablar, comprar un helado, etc.

Capítulo Nueve

9.1   1. acostarse   2. levantarse   3. despertarse   4. despertador   5. vestirse
6. quitarse   7. bañarse, lavarse   8. cepillo de dientes, pasta   9. máquina de afeitar,
navaja   10. champú, secador   11. peinarse   12. sentarse   13. preocuparse
14. enojarse   15. quejarse   16. divertirse   17. graduarse   18. casarse
19. comprometerse

9.2   1. me acuesto   2. se acuesta   3. nos acostamos   4. te acuestas   5. se acuestan
6. me despedí   7. se despidió   8. nos despedimos   9. te despediste   10. se
despidieron   11. me enojaba   12. se enojaba   13. nos enojábamos   14. te enojabas
15. os enojábais   16. estoy divirtiéndome   17. está divirtiéndose   18. estamos
divirtiéndonos   19. estás divirtiéndote   20. están divirtiéndose

9.3   1. Me despierto a las ocho, etc.   2. Me preocupo de (por) los exámenes, etc.   3. Me quejo
de la comida en la cafetería, etc.   4. Sí, (No, no) me divertí anoche. Sí, (No, no) se

divirtieron.   5. Me siento bien (mal) hoy.   6. Me levanté a las ocho y media, etc.
7. Sí, (No, no) me bañé. Sí, (No, no) me peiné.   8. Sí, (No, no) necesito lavarme el pelo hoy.

9.4   1. Ella se vistió, se puso el maquillaje y fue al cine.   2. Ella y sus amigos(as) se rieron mucho.
3. Voy a tratar de ver esa película esta noche.   4. Vamos a divertirnos.

9.5   1. Leti y Óscar se conocieron en la fiesta de Carmen.   2. Se encontraron en el parque.
3. Caminaron por la Avenida Mayo y se besaron.   4. Cenaron en un restaurante y hablaron
mucho.   5. Se enamoraron.   6. Se comprometieron.

9.6   1. He limpiado el cuarto. He asistido a un concierto.   2. Has lavado el coche. Has ido al
centro comercial.   3. Juan y José han traído su perro a la residencia. Juan y José han llevado el
perro al parque.   4. Elena ha recibido un cheque. Elena ha comprado una bicicleta.
5. Hemos escrito dos composiciones. Hemos devuelto los libros a la biblioteca.

9.7   1. No hemos hecho nada malo.   2. No hemos dicho cosas malas.   3. No hemos roto nada.
4. No hemos visto nuestros regalos de Navidad.   5. No hemos abierto los regalos que están
debajo del árbol.   6. No hemos puesto nada en la chimenea.

9.8   1. ¿Te has lavado la cara? Sí, ya me he lavado la cara.   2. ¿Te has cepillado los dientes? Sí, ya
me he cepillado los dientes.   3. ¿Te has peinado? Sí, ya me he peinado.   4. ¿Te has vestido?
Sí, ya me he vestido.   5. ¿Te has puesto los zapatos nuevos? Sí, ya me he puesto los zapatos
nuevos.

9.9   1. Pepe, ¿has oído? El perro de Susana ha muerto.   2. No. ¿Has hablado con ella?   3. No la
hemos visto.   4. No ha vuelto todavía.   5. Sus vecinos dicen que (se) ha ido a Chicago.

9.10   1. Mis amigos dijeron que nunca habían viajado a España.   2. Dijimos que nunca habíamos
visto La Alhambra.   3. Carmen dijo que nunca había comido una paella.   4. Dijiste que
nunca habías dormido en un palacio medieval.   5. Dije que nunca había ido a una corrida de
toros.

9.11   1. Me baño, me peino, etc.   2. Me cepillé los dientes, me quité la ropa, etc.   3. Se
conocen, se abrazan, se enamoran, se comprometen, etc.   4. He comido en un restaurante
bueno, he viajado a las montañas, etc.

Capítulo Diez

10.1   1. estación de gasolina (servicio)   2. llenar   3. revisar, parabrisas   4. reparar (arreglar)
5. llanta   6. abrocharme   7. cuadra (manzana)   8. semáforos   9. izquierda
10. recto, derecho   11. cuidado   12. puente   13. policía, carnet (licencia) de
conducir   14. multa

10.2   1. ¡Caramba! (¡Ay de mí!)   2. ¡Qué lástima! (¡Ay de mí!)   3. ¡Qué suerte!   4. ¡Qué lío!
(¡Qué lástima!)   5. ¡Ay de mí! (¡Caramba!)

10.3   1. ...haga el viaje, ...hagamos el viaje   2. ...llene el tanque, ...llenemos el tanque   3. ...revise
las llantas, ... revisemos las llantas   4. ...repare los frenos, ...reparemos los frenos   5. ...tenga
cuidado, ...tengamos cuidado   6. ...salga temprano, ...salgamos temprano   7. ...maneje
despacio, ...manejemos despacio   8. ...vaya a la costa, ...vayamos a la costa   9. ...pida las
direcciones, ...pidamos las direcciones   10. ...siga sus instrucciones, ...sigamos sus
instrucciones   11. ...piense en ellos, ...pensemos en ellos   12. ...vuelva pronto, ...volvamos
pronto

10.4   1. Él quiere que tú te abroches el cinturón.   2. Yo prefiero que ella se estacione aquí.
3. Nosotros les pedimos que ellos se paren en la esquina.   4. ¿Tú sugieres que ellos te
ayuden?   5. Ella insiste en que nosotros nos demos prisa.   6. Yo deseo que ellos vengan
con nosotros.

10.5 1. Quiere que pase por el apartamento esta tarde. Quiere que le traiga su cassette de U2. Quiere que la ayude con su computadora. 2. Sugiere que llame a David. Sugiere que compre champú en la farmacia. Sugiere que pida una pizza para la cena. 3. Les pide que le devuelvan su secador de pelo. Les pide que no se olviden de comprar los boletos para el concierto. Les pide que alquilen un vídeo para esta noche.

10.6 1. ¿Quiere que llamemos al policía? 2. Señor, él insiste que usted le muestre su carnet (licencia) de conducir. 3. Ellos recomiendan que crucemos la frontera ahora. 4. Sugiero que esperemos.

10.7 1. Leti se alegra de que haga buen tiempo. 2. Leti se alegra de que Jessica llegue mañana. 3. Leti se alegra de que sus padres le manden un cheque. 4. Leti se alegra de que las vacaciones empiecen el viernes. 5. Leti se alegra de que Óscar y ella vayan a la playa.

10.8 1. Siento que mi abuela esté muy enferma. 2. Temo que tenga fiebre. 3. Me molesta que no quiera ir al médico. 4. Espero que ella pueda hablar con el médico hoy.

10.9 1. Hable más despacio, por favor. 2. Escriba las respuestas en la pizarra, por favor. 3. Traduzca las oraciones, por favor. 4. Repita las preguntas, por favor. 5. Cierre la puerta, por favor. 6. Lea en voz alta, por favor. 7. No nos dé exámenes difíciles, por favor. 8. Hagan la tarea. 9. Vengan a la clase a tiempo. 10. Aprendan los verbos. 11. Contesten las preguntas. 12. Vayan a la pizarra. 13. Siéntense, por favor. 14. Cállense, por favor.

10.10 1. Cámbielo, por favor. 2. Llénelo, por favor. 3. Arréglelo, por favor. 4. Revíselos, por favor. 5. Límpielo, por favor. 6. Devuélvamela, por favor. 7. No lo revise. 8. No las limpie. 9. No la cambie. 10. No me lo traiga.

10.11 1. Siga recto (derecho) cuatro cuadras (manzanas). 2. Doble a la derecha en la esquina de Juárez y Morelos. 3. Cruce el puente. 4. Doble a la izquierda en el semáforo. 5. Estaciónese enfrente de la biblioteca.

10.12 1. Salgamos a las ocho. 2. Comamos una pizza. 3. Vamos a la discoteca. 4. Bailemos hasta la medianoche. 5. Caminemos por el centro. 6. Volvamos a la residencia en taxi.

10.13 1. Levantémonos. 2. Lavémonos. 3. Peinémonos. 4. Vistámonos. 5. Pongámonos los suéteres nuevos. 6. Vámonos. 7. Divirtámonos.

10.14 1. Quiero que mis padres me manden dinero, etc. 2. Le pido que llene el tanque, etc. 3. Espero que limpie el cuarto, etc. 4. Hable más despacio, por favor. No nos dé exámenes difíciles, etc. 5. Tengamos una fiesta, bailemos hasta la medianoche.

Capítulo Once

11.1 1. aeropuerto 2. líneas aéreas 3. agencia de viajes 4. vuelo 5. facturar 6. tarjeta de embarque 7. piloto 8. azafata, auxiliar de vuelo 9. asiento, cinturón 10. reclamación, recoger 11. aduana 12. pasaportes 13. sacar, rollos de película

11.2 1. ...haya una demora. 2. ...muestren películas en el vuelo. 3. ...siempre llegue a su destino. 4. ...sirvan la cena en el avión. 5. ...vaya directamente a Lima. 6. ...tiene buenos pilotos. 7. ...confirmamos nuestros vuelos.

11.3 1. Es bueno que el vuelo salga en diez minutos. 2. Es extraño que no estén aquí. 3. Es urgente que lleguen en dos minutos. 4. Es importante que me traigan la maleta que dejé en casa. 5. Es improbable que puedan subir al avión para dármela.

11.4 1. Es una lástima que ella no tenga un pasaporte. 2. Es imposible que ella consiga uno antes del viaje. 3. Es mejor que ella no haga el viaje este año.

11.5 1. Espera que hayamos hecho las maletas.   2. Espera que Rubén haya confirmado los vuelos. 3. Espera que hayas reservado los asientos en el avión.   4. Espera que haya recogido las etiquetas de identificación.   5. Espera que hayáis conseguido las tarjetas de embarque. 6. Espera que Esteban y Alfonso no se hayan olvidado de traer sus pasaportes.   7. Espera que nos hayamos despedido de nuestros amigos.

11.6 1. Señor, es una lástima que usted haya perdido su equipaje.   2. Dudo que lo hayan encontrado.   3. No estoy seguro(a) de que hayan recibido las maletas del avión.   4. Me alegro (de) que la línea aérea haya tratado de ayudarlo(la).

11.7 1. estación de ferrocarril   2. taquilla   3. ida y vuelta   4. primera, segunda 5. maletero   6. propina   7. aseo (servicio)

11.8 1. Limpia el cuarto   2. Apaga la radio.   3. Acuéstate más temprano.   4. Devuélveme mis cosas.   5. Bebe menos cerveza.   6. Lee más libros.   7. Pon la ropa en el ropero. 8. Haz la tarea.   9. Dime la verdad.   10. Ve a las clases.   11. Sé bueno(a).   12. Ven aquí.   13. Ten paciencia conmigo.   14. Sal.

11.9 1. No lo uses.   2. No lo comas.   3. No las bebas.   4. No lo devuelvas.   5. No te olvides. (No lo olvides.)

11.10 1. Di la verdad. No digas mentiras.   2. Ve al parque. No vayas al centro.   3. Vuelve temprano. No vuelvas tarde.   4. Sé bueno(a). No seas malo(a).   5. Pon tus cosas aquí. No pongas tus cosas allí.   6. Hazlo hoy. No lo hagas mañana.   7. Ten paciencia. No tengas prisa.

11.11 1. Dudo que mis amigos estudien, etc.   2. Es urgente que mi compañero(a) de cuarto llame a sus padres, etc.   3. Es importante que mis padres me visiten, etc.   4. Mis padres esperan que yo me haya graduado, haya encontrado trabajo, etc.   5. Haz la tarea, limpia tu cuarto, etc.   6. No uses mi computadora, no lleves mi ropa, etc.

Capítulo Doce

12.1 1. hotel, habitación   2. recepción   3. registrarse   4. llave   5. botones   6. ascensor 7. segundo, cuarto, sexto, octavo, décimo   8. aire acondicionado, calefacción   9. sábanas, almohada, manta (cobija)   10. criada   11. servicio de cuartos   12. piscina   13. cuenta, recibo

12.2 1. Algunos porteros llevan uniforme. Ninguno lleva gafas de sol.   2. Algunos botones reciben propinas grandes. Ninguno recibe propinas pequeñas.   3. Algunas criadas dejan chocolates en las habitaciones. Ninguna deja botellas de vino.   4. Algunos huéspedes se quedan todo el fin de semana. Ninguno se queda toda la semana.

12.3 1. Yo no nadé en la piscina. Mi amigo(a) no nadó en la piscina tampoco.   2. Yo no dejé las cosas en la habitación. Mi amigo(a) no dejó las cosas en la habitación tampoco.   3. Yo no pedí servicio de cuartos. Mi amigo(a) no pidió servicio de cuartos tampoco.   4. Yo no recogí el equipaje. Mi amigo(a) no recogió el equipaje tampoco.   5. Yo no le di una propina al botones. Mi amigo(a) no le dio una propina tampoco.

12.4 1. Algún día vamos a conseguir una habitación (un cuarto) en ese hotel.   2. Esta noche no hay ninguna habitación (ningún cuarto) en ningún hotel.   3. Ni el portero ni el recepcionista pueden ayudarnos.   4. Tenemos que o volver a casa o dormir en el coche.

12.5 1. entienda, entienda, entiende   2. pueda, pueda, puede   3. venda, venda, vende 4. sirva, sirva, sirve

12.6 1. Buscamos (Estamos buscando) una habitación (un cuarto) que tenga aire acondicionado. 2. ¿Hay una habitación (un cuarto) que cueste menos de cuarenta dólares?   3. Hay una (uno)

que cuesta treinta dólares, pero no tiene baño privado.   4. ¡Espera! Encontramos un hotel que tiene todo lo que buscamos (estamos buscando).

12.7   1. El vestíbulo es tan grande como la sala de conferencias.   2. El restaurante "El Capitán" es tan elegante como el restaurante "El Jardín".   3. La vista del lago es tan impresionante como la vista de las montañas.   4. La piscina es tan nueva como la cancha de tenis.

12.8   1. Traje tantos rollos de película como él/ella.   2. Traje tanto dinero como él/ella.   3. Traje tanta ropa como él/ella.   4. Traje tantas camisetas como él/ella.

12.9   1. La estatua de San Martín es más alta que la estatua de Bolívar.   2. La Avenida Calí es más larga que la Calle Tres.   3. La catedral es más antigua que la iglesia San Esteban.   4. El museo de arte es más interesante que el museo de historia.   5. El restaurante "El Cid" es más caro que el restaurante "El Patio".

12.10   1. Las ruinas son las más impresionantes del país.   2. La gente yucateca es la más simpática del país.   3. La comida es la más deliciosa del país.   4. El clima es el más agradable del país.   5. Las playas son las más bonitas del país.

12.11   1. ¿Es éste el mejor hotel de la ciudad?   2. Las habitaciones en este hotel son mejores que las habitaciones en ése.   3. No. Son peores.   4. Y cuestan más de cincuenta dólares por noche.   5. Miguel, ¿viaja tu hermano tanto como tú?   6. No. Viaja menos que yo.

12.12   1. Busco un hotel que esté limpio, que tenga aire acondicionado, etc.   2. Sí, conozco a algunos estudiantes que han estudiado en otro país. (No, no conozco a ningún estudiante que haya estudiado en otro país.)   3. Sí, tengo un amigo que es tan inteligente como Einstein. (No, no tengo ningún amigo que sea tan inteligente como Einstein.)   4. Estudio más (menos) que mi compañero(a) de cuarto.   5. Sí, (No, no) tomo tantas clases como mi compañero(a) de cuarto.   6. En mi opinión...es el (la) mejor estudiante de la clase.

Capítulo Trece

13.1   1. casa de correos   2. sello   3. dirección   4. correo aéreo   5. buzón   6. tarjeta   7. paquete   8. pesar   9. asegurar

13.2   1. guía telefónica   2. operador, operadora   3. cobro revertido   4. ocupada   5. marcar   6. contestador

13.3   1. para que   2. a menos que   3. en caso de que   4. con tal que

13.4   1. Susana, voy a mandarte (enviarte) una tarjeta postal para que puedas ver las playas bonitas.   2. No voy a llamarte a menos que haya una emergencia.   3. Voy a mandarte un regalo con tal que encuentre algo especial.   4. Voy a asegurar el paquete en caso de que lo pierdan.

13.5   1. ¿Irás a la escuela de verano? Sí, iré a la escuela de verano.   2. ¿Trabajarás también? Sí, trabajaré también.   3. ¿Ganarás mucho dinero? Sí, ganaré mucho dinero.   4. ¿Comprarás un coche? Sí, compraré un coche.   5. ¿Volverás a la universidad? Sí, volveré a la universidad.

13.6   1. ¿Harán ustedes ejercicios en el gimnasio? Sí, haremos ejercicios en el gimnasio.   2. ¿Saldrán ustedes de la universidad? Sí, saldremos de la universidad.   3. ¿Tendrán ustedes que trabajar? Sí, tendremos que trabajar.   4. ¿Vendrán a la fiesta en el apartamento? Sí, vendremos a la fiesta en el apartamento.   5. ¿Podrán traer comida y bebidas? Sí, podremos traer comida y bebidas.

13.7   1. Saldré de la universidad, etc.   2. Iré a...   3. Viajaré a...   4. Me casaré (con)...   5. Tendré tres hijos, etc.   6. Viviré en...

13.8   1. abra, abrió   2. encuentre, encontró   3. vuelva, volvió   4. llegue, llegó

13.9 1. Teresa, firma el cheque antes de enviarlo (mandarlo).   2. Paga la cuenta antes de que ellos nos llamen.   3. No digas nada hasta que sepamos lo que pasó.   4. Cuando reciban la carta, entenderán.

13.10 1. Voy a llamarte cuando pueda.   2. Voy a visitarte cuando tenga más tiempo.   3. Voy a ayudarte con el proyecto cuando termine el mío.   4. Voy a llevarte al cine cuando repare mi coche.   5. Voy a mandarte más flores cuando sea tu cumpleaños.

13.11 1. Estimada Señora: 2. Atentamente,   3. Querida amiga: 4. Con mucho cariño,

13.12 1. Trabajan para que pueda asistir a la universidad, etc.   2. Debo limpiar el cuarto, etc. antes de que llegue mi madre.   3. Iré a la playa, etc. tan pronto como empiecen las vacaciones de verano.   4. Encontraré trabajo, etc. después de graduarme.

Capítulo Catorce

14.1 1. contaminación   2. conservar   3. reciclan   4. enseñar   5. plantar   6. construir   7. por todas partes   8. sin hogar   9. desempleo   10. pobreza   11. discriminación   12. prejuicios   13. criminal   14. víctima   15. todo el mundo   16. gobierno   17. liberal   18. están de acuerdo   19. contra de   20. favor de   21. punto de vista   22. tienen razón

14.2 1. encontrar   2. luchar   3. proponer   4. resolver   5. votar   6. protestar   7. apoyar   8. contaminar   9. prevenir   10. eliminar   11. leer   12. sufrir

14.3 1. ¿Apoyarían esa causa? Sí, la apoyaríamos.   2. ¿Reciclarían esos periódicos? Sí, los reciclaríamos.   3. ¿Resolverían esos problemas? Sí, los resolveríamos.   4. ¿Evitarían esos conflictos? Sí, los evitaríamos.   5. ¿Protegerían esos animales? Sí, los protegeríamos.

14.4 1. Dije que le diría la verdad.   2. Dije que haría la llamada.   3. Dije que podría resolverlo.   4. Dije que prevendría el problema.   5. Dije que propondría otra idea.   6. Dije que tendría tiempo para hacerlo.

14.5 1. fuera, participara, volviera   2. plantáramos, construyéramos, pudiéramos   3. votaras, escogieras, vinieras   4. defendieran, resolvieran, apoyaran   5. consiguiera, evitara, propusiera

14.6 1. Dudaba que ellos tuvieran las reservaciones.   2. Querían que el hotel estuviera cerca del capitolio.   3. Buscaban un hotel que fuera económico.   4. Esperaban que la conferencia llamara atención a los problemas del medio ambiente.   5. Era urgente que todo el mundo leyera las noticias.

14.7 1. Quería que mi amiga se quedara.   2. Era necesario que ella saliera.   3. No creía que ella lo hiciera.   4. Dudaba que hubiera hablado con sus padres.

14.8 1. Si nosotros tuviéramos el dinero, se lo daríamos a los pobres.   2. Si fuera presidente, resolvería los problemas económicos.   3. Si nosotros pudiéramos, protegeríamos el medio ambiente.   4. Si mi familia viviera al lado de un río, no lo contaminarían.   5. Si nosotros estuviéramos en la selva Amazonas, no destruiríamos el bosque tropical.

14.9 1. Ojalá que tuviera un coche nuevo.   2. Ojalá que pudiera viajar por todo el mundo.   3. Ojalá que supiera hablar cinco lenguas extranjeras.   4. Ojalá que fuera famoso(a).   5. Ojalá que conociera a Kevin Costner.   6. Ojalá que estuviera en Hawai.

14.10 1. Está contentísima.   2. Eran hermosísimas.   3. Era buenísima.   4. Fue excelentísimo.   5. Son simpatiquísimos.

14.11 1. Quería que no fumara, etc.   2. Sugerían que viniera a la clase todos los días, hiciera la tarea, etc.   3. Viajaría a Hawai, etc. Nadaría en el océano, etc.   4. ...tuviera un coche, pudiera hacer un viaje a España, etc.